Saint-Exupéry

Avec l'aimable participation de la fondation
Antoine de Saint-Exupéry

118, avenue Achille-Peretti – CS 70024
92521 Neuilly-sur-Seine Cedex

www.michel-lafon.com

PATRICK POIVRE D'ARVOR

Saint-Exupéry

LE CARTABLE AUX SOUVENIRS

Michel LAFON

À mon grand-père Numa Castelain, héros de la Grande Guerre dans les airs…

Portrait de mon grand-père,
pilote durant la guerre.

Dans mon bureau avec le cartable et les livres de Saint-Ex.

PRÉFACE

« Je suis de mon enfance. Je suis de mon enfance comme d'un pays », écrivait Antoine de Saint-Exupéry dans *Pilote de guerre*. Eh bien je suis de cette enfance-là, celle de Saint-Ex, celle qui tout petit m'a offert pour compagnons un petit prince et un renard, celle qui m'a permis de vivre avec François, le frère chéri d'Antoine… Il lui a fermé les yeux alors qu'il venait tout juste d'avoir quinze ans, à un âge où j'aurais pu moi-même basculer de l'autre côté…

Ce compagnonnage-là m'a donné une force incroyable à une époque où je ne croyais pas en moi et où je n'avais pas plus d'amis que le Petit Prince. Il m'a aidé à comprendre ce que peuvent être l'amitié, la fraternité, l'apprivoisement des autres. La rose m'a-t-elle aidé à son tour à ressentir ce que peut être l'amour ? Peut-être… En tout cas j'ai su que les femmes étaient délicates, parfois capricieuses, mais qu'il fallait les manier avec précaution si l'on ne voulait pas s'y piquer.

Pendant longtemps j'ai eu sur mon bureau la photo de François de Saint-Exupéry sur son lit de mort prise par son frère. Cet enfant, qui aurait pu être moi, me paraissait si beau, si calme, comme endormi… Il me semblait incroyable qu'Antoine, qui n'avait à l'époque que dix-sept ans, ait pu avoir la force de prendre cette photographie en un instant pareil. Au même âge, j'ai écrit mon premier livre, *Les Enfants de l'aube*, qui relatait de manière romanesque mon enfance chahutée en un lieu où tous les adolescents ne survivaient pas. Puis j'ai perdu une fille, Solenn, elle aussi trop jeune, et sa photo a remplacé celle de François sur mon bureau. Mon dernier fils, né peu après, s'appelle lui aussi François, pour ne pas oublier…

Mais je ne peux pas oublier. Me souvenir par exemple que lorsque j'avais sept ans et que mes camarades me dépassaient d'une tête parce que j'avais sauté deux classes, j'éprouvais le besoin de me donner une légitimité que mon physique chétif ne me conférait pas d'emblée. Alors j'ai menti pour me faire respecter. J'ai osé dire que j'étais le filleul de Saint-Ex, tout cela parce que ma grand-mère Gabrielle était l'une des meilleures amies de Consuelo de Saint-Exupéry et que son mari Numa, aviateur prestigieux pendant la Première Guerre mondiale, avait été un bon camarade d'Antoine et de tous les pilotes de cette formidable aventure que fut l'Aéropostale.

Aujourd'hui, six décennies plus tard, je n'arrive pas à me reprocher d'avoir menti ce jour-là – alors que mon parrain de substitution est mort trois ans avant ma naissance ! –, même quand je me retrouve en compagnie du vrai filleul de l'aviateur, François d'Agay, dont nous avons récemment fêté les 90 ans.

Au fond, c'est bien lui mon parrain, puisque j'ai été privé du vrai par les hasards de la vie : c'est Tonio, l'écrivain solaire, qu'on appelait le Roi Soleil quand il était petit. Il ne m'a pas porté sur les fonts baptismaux mais c'est à moi de le remercier aujourd'hui pour tout ce qu'il m'a apporté, pour les enseignements qu'il nous lègue, à tous, petits et grands, partout dans le monde. Que ce bréviaire sentimental que je glisse dans l'une des poches de sa grande combinaison soit un modeste témoignage de cette gratitude.

PATRICK POIVRE D'ARVOR

Cartable de Saint-Ex. À mon poignet,
la réplique de sa dernière montre.

Portrait de Marie de Saint-Exupéry.

1

MARIE, SA MÈRE

Elle fut donc la première. La première femme aimée.

« Marie de Saint-Exupéry, mère d'Antoine ». Ainsi signait-elle ses lettres après la mort de son fils chéri. Et cela dura vingt-sept ans, jusqu'en janvier 1972, lorsqu'elle rejoignit le Seigneur après lui avoir composé un dernier poème.

> « *Laissez-moi vivre un peu mon Dieu.*
> *Sans doute, j'ai beaucoup pleuré.*
> *Mais je peux aussi consoler.*
> *Laissez-moi vivre un peu mon Dieu* »

Elle avait 96 ans et s'est éclipsée juste après avoir écrit ses souvenirs dans un recueil, *J'écoute chanter mon arbre*, et juste après avoir connu le premier de ses arrière-arrière-petits-enfants : « J'ai quatorze arrière-petits-enfants et un arrière-arrière-petit-fils, le sérieux s'impose ! »

Sérieuse, elle le fut toute sa vie, pieuse mais aussi tendre, drôle et volubile. Elle nous le prouvera en témoignant dans une interview que j'ai utilisée dans mon émission « Une maison, un artiste » et que je ne me lasse pas de regarder depuis, tant elle est lumineuse. Elle répondait aux questions de Michèle Persane-Nastorg, qui devait ensuite lui consacrer un livre de piété quasi filiale, *L'Étoile du Petit Prince*.

Il faut dire que toute sa vie, elle la vouera à ses filles et ses fils. Veuve à 28 ans à peine, Marie de Saint-Exupéry, née Fonscolombe, vient d'avoir son cinquième enfant lorsque son mari décède d'une hémorragie cérébrale dans la gare de La Foux, non loin de Saint-Tropez, le 14 mars 1904. Antoine avait 3 ans et demi, François 2 ans, les deux aînées, Marie-Madeleine et Simone avaient respectivement 8 et 7 ans et la benjamine, Gabrielle, dite Didi, n'avait que dix mois.

De ce jour, elle ne voyagera plus sans sa tribu. Elle décida assez vite de quitter le château de La Môle qui lui rappelait trop son mari disparu à quelques kilomètres de là, puis son père Charles mort à son tour au château en 1907, et s'installa à Saint-Maurice-de-Rémens dans le Bugey, non loin de Lyon, à l'invitation de sa tante, la comtesse de Tricaud. Cette femme l'aimait beaucoup et fut toute sa vie son ange gardien. C'est elle qui l'invita pour l'été qui suivit son arrivée à passer un séjour au Grand Hôtel d'Évian, avec tous ses enfants bien sûr, émerveillés par ce palace. Ils n'avaient jusqu'alors pas l'habitude d'une pareille vie. Et c'est là qu'à l'instigation de sa tante, toujours elle, elle rencontra un sculpteur, Bernard, qui bouleversa son cœur.

Mais le devoir l'empêcha d'accepter la proposition de mariage qu'il lui fit très rapidement : « Vous vous devez à votre art, non à mes enfants. Ils sont trop jeunes pour comprendre notre union. Mon fils Antoine, qui n'a que 7 ans, m'est très attaché, il prendrait, je le crains, ombrage de vous et serait très malheureux. Je n'ai pas le choix, il faut que je renonce à notre bonheur, pour eux, pour lui. »

Tout est dit dans cette réponse. Marie de Saint-Exupéry est une femme votive et le restera jusqu'à son dernier jour, alors même que les uns après les autres, ses enfants la quittent pour aller rejoindre la paix d'un Seigneur qu'elle vénère.

Au moment de quitter cette terre, elle écrira qu'elle allait rejoindre l'étoile « d'où le Petit Prince m'appelle »…

Ci-contre :
(De gauche à droite)
Les enfants Saint-Exupéry : Marie-Madeleine, Gabrielle, François, Antoine et Simone.

Page de droite :
Antoine enfant avec sa mère et son frère François.

Portrait de Jean de Saint-Exupéry.

2

JEAN, SON PÈRE

Antoine de Saint-Exupéry ne parla que très peu de son père dans ses livres ou dans ses conversations. Cela s'explique, il n'avait même pas 4 ans quand le vicomte Jean de Saint-Exupéry fut arraché à l'affection des siens à l'âge de 41 ans.

Fines moustaches, calvitie précoce, il s'était marié sur le tard, à l'initiative de la tante Tricaud, si prévenante avec sa petite-nièce préférée, Marie de Fonscolombe, qui portait admirablement ce nom gracile. Elle-même n'avait pas été insensible à celui de Saint-Exupéry, dont la noblesse remontait en ligne directe au XIe siècle. Plus tard, Antoine dira : « Je porte un beau nom. »

Jean de Saint-Exupéry n'avait aucune envie de se marier mais il se laissa facilement séduire par la belle Marie, 21 ans, de seize ans sa cadette. La cérémonie eut lieu en juin 1896 au château de La Môle puis, après leur voyage de noces, les deux tourtereaux s'installèrent à Lyon, tout près de la place Bellecour où demeurait la comtesse de Tricaud. C'est là, rue de Peyrat (aujourd'hui rue Alphonse-Fochier) que naquirent Antoine, ses trois sœurs et son frère. En bonne Provençale – les Fonscolombe sont originaires d'Aix –, Marie donne des diminutifs à tous ses enfants. C'est une gouvernante autrichienne, Paula, qui fut choisie par les parents pour s'occuper de la turbulente tribu.

En mars 1904, ils envoient Paula et les cinq enfants à La Môle afin de pouvoir passer quelques jours à Paris dans une intimité qui leur manquait souvent.

Le 14, ils décident de retourner à leur château. Au terme d'un très long voyage, le train arrive en vue de la presqu'île de Saint-Tropez. Jean comprend que c'en est bientôt fini de ce tête-à-tête qu'ils n'ont presque jamais connu et qui l'a enchanté. Il croise le regard de sa femme, qui est en train de dessiner des croquis sur son carnet, comme à son habitude. Plus tard, Marie dira que c'est la première fois qu'il lui semble être gratifiée de ce regard. Ce n'est plus la mère qu'il contemple avec une infinie douceur, mais la femme…

Les voilà arrivés à la gare de La Foux. Ils attendent l'omnibus familial de La Môle et c'est au moment où il arrive que Jean s'écroule aux pieds de sa femme qui tente de le ranimer. Mais quand le médecin se penche sur son mari, il est déjà trop tard. Jean de Saint-Exupéry a été terrassé par une hémorragie cérébrale.

Les enfants attendaient au château. Quand leur mère arrive, fêtée par les deux garçons trop jeunes pour comprendre, elle prend à part les deux aînées bouleversées et leur annonce que leur père a été rappelé à Dieu. Il sera inhumé à Saint-Maurice-de-Rémens dans le caveau familial.

Plus tard, Marie essaiera de se souvenir de ce dernier sourire, si tendre, dans le compartiment :

« *J'évoque le mirage et ce jour de lumière.*
Où l'horizon, pour moi, se dorait de bonheur.
Le rêve s'est éteint, le bonheur est un leurre. »

Vue du château de La Môle depuis le parc.

Portrait de François en 1912 à l'âge de 10 ans.

3

FRANÇOIS, LE FRÈRE

Il est le seul frère, et donc l'enfant chéri. Il a deux ans de moins qu'Antoine mais c'est son quasi-jumeau. Depuis la toute petite enfance, François le suit aveuglément. Il a pleine confiance en lui. Quand il jouait dans le vaste parc de la demeure de Saint-Maurice-de-Rémens à leurs histoires de chevalerie, il était toujours le lieutenant du chevalier Aklin qu'incarnait Antoine. À côté de lui et de leur sœur Simone, il se construisait une cabane, un peu plus petite, car c'était lui le cadet. Il attendait sagement son frère, juché tout en haut d'un sapin pour apprivoiser les tourterelles, mais il n'avait pas le droit de le rejoindre.

Un peu plus tard, quand Tonio s'essaya à la mécanique, François fut son apprenti. Antoine tenait absolument à équiper son vélo d'un moteur et de voiles. Pour les voiles, ça marcha – même s'il termina souvent dans le décor –, mais pour le moteur ce fut plus difficile. Il fonctionnait, cependant il était beaucoup trop lourd pour la bicyclette. Alors Tonio le recycla et, toujours aidé par François, en fit un moteur pour une sorte d'arrosage automatique des plantes. Ce fut un fiasco. Alors qu'il l'avait laissé seul pour tenter une réparation de fortune, le moteur explosa à la figure de François. Antoine se précipita vers son frère ensanglanté et hurla : « Il est mort ! J'ai tué François ! »

Mais seule l'arcade sourcilière avait été touchée. Leur maman, après avoir soigné le cadet, essaya de rassurer l'aîné qui s'accusait sans fin :

« Non, tu n'es pas coupable de l'explosion mais tu es responsable d'avoir confié le moteur à ton frère. » Responsable, pas coupable, Saint-Exupéry n'allait de ce jour cesser de méditer sur la question…

Un peu plus tard, les deux frères partirent ensemble, très loin de leur mère, pour être demi-pensionnaires au collège jésuite Sainte-Croix du Mans, où leur père Jean avait fait ses études secondaires. Le soir, ils rentraient dormir chez leur grand-père. Ils s'y ennuyaient et se languissaient de leur mère, comme du grand parc de Saint-Maurice. Cela dura cinq ans, de 1909 à 1914.

Vint alors le temps des épreuves. Le déclenchement de la guerre tout d'abord puis très vite une mystérieuse maladie pour François. Une fois de plus, les deux frères étaient partis ensemble pour étudier. D'abord dans un internat, toujours chez les jésuites, mais à Villefranche-sur-Saône, pas très loin de Saint-Maurice-de-Rémens, de l'autre côté des Dombes. Ils s'y ennuient à périr et leur mère les en retire dès les vacances de Noël. Elle décide alors de les envoyer en Suisse chez les marianistes, à la Villa Saint-Jean de Fribourg. Cela se passe beaucoup mieux, il y a une piscine, une salle d'escrime, des courts de tennis et surtout leur mère vient les voir tous les week-ends, malgré la distance et ses lourdes obligations au château familial, transformé en hôpital pour soldats revenus du Front. Elle s'y était improvisée infirmière.

Mais au début de 1917, le drame s'invite à la Villa Saint-Jean. François tombe malade. Marie est obligée de le rapatrier à la maison et tente de ne pas trop inquiéter Antoine, qui est alors en plein dans ses révisions difficultueuses du baccalauréat. Il réussit l'écrit. De retour début juillet dans la propriété familiale, il est réveillé une nuit par la religieuse qui veille son petit frère.

Il est quatre heures du matin. La scène, racontée un quart de siècle plus tard dans *Pilote de guerre*, est poignante :

> *Il me dit d'une voix ordinaire :*
> *— Je voulais te parler avant de mourir, je vais mourir…*
> *Une crise nerveuse le crispe et le fait taire.*
> *Durant la crise, il fait « non » de la main. Et je ne comprends pas le geste. J'imagine que l'enfant refuse la mort. Mais l'accalmie venue, il m'explique :*
> *— Ne t'effraie pas… Je ne souffre pas. Je n'ai pas mal. Je ne peux pas m'empêcher. C'est mon corps.*
> *Il éprouve le besoin pressant de se déléguer dans son héritage.*
> *Il me dit : « Je voudrais faire ton testament. » Il rougit, il est fier bien sûr d'agir en homme. S'il était constructeur de tours, il me confierait sa tour à bâtir. S'il était père, il me confierait ses fils à instruire. S'il était pilote d'avion de guerre, il me confierait les papiers de bord. Mais il n'est qu'un enfant. Il ne confie qu'un moteur à vapeur, une bicyclette et une carabine…*

Et il achève ce récit bouleversant :

> *Mon frère m'a dit : « N'oublie pas d'écrire tout ça… »*

Tonio n'a pas oublié. Il a juste attendu vingt-cinq ans.

À l'aube, François réclame l'extrême onction, puis son frère part à Lyon passer les oraux du bac. Quand il revient en courant, il annonce à sa mère qu'il est reçu mais elle pleure. François va mourir. Ses yeux noirs paraissent immenses au milieu de son visage émacié. « On dirait des portes ouvertes sur la nuit », écrira plus tard Simone, qui est là avec sa mère et ses frères.

— Tu veux bien aller retrouver papa ? demande Marie.

— Oui, répond l'enfant.

Il est six heures du matin. Antoine prend une photo de son frère mort. Il n'oubliera jamais :

> *Tu comprends, c'est trop loin. Je ne peux pas emporter ce corps-là. C'est trop lourd.*

Tels furent les derniers mots de son frère que Saint-Ex mettra dans la bouche du Petit Prince au moment où il s'apprête à son tour à quitter notre planète.

Après le dîner qui suivit l'enterrement, le seul rescapé mâle de cette famille éprouvée serra très fort sa mère contre lui et lui dit : « Ma petite maman, vous pouvez désormais doublement compter sur mon amour ». Et il ajouta : « Mais aucun enfant ne peut remplacer un enfant perdu ».

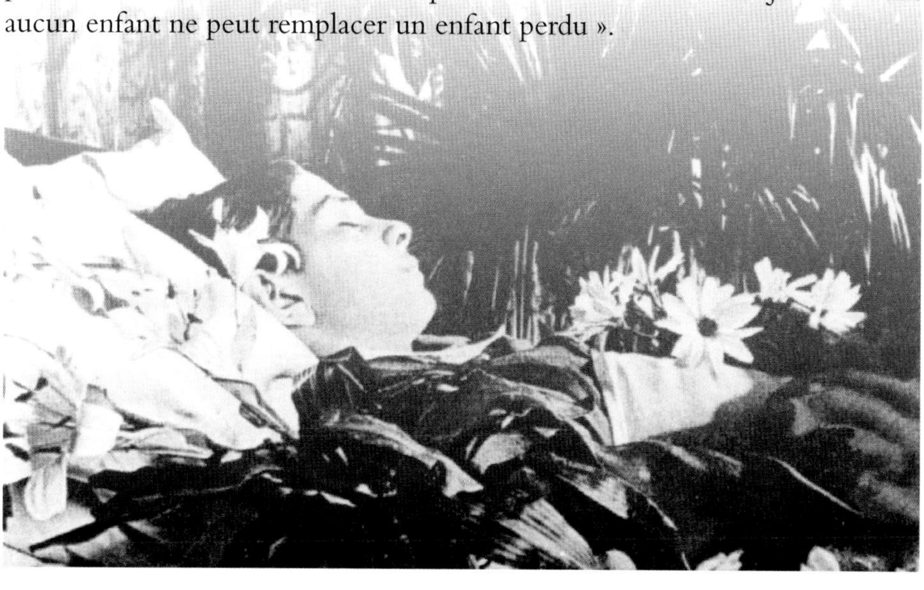

Ci-contre : Une photo qu'Antoine n'oubliera jamais, celle qu'il prit de son frère sur son lit de mort.

Portrait de sa sœur Simone, en 1917, à l'âge de 19 ans.

4

SES SŒURS

Saint-Ex parle peu de ses sœurs. Il les aime, ne s'est jamais brouillé ou disputé avec elles mais elles ne sont pas capitales dans sa construction d'homme. Ce ne sont pas elles en tout cas qui ont forgé son image de la femme, lui qui toute sa vie papillonnera. Marie, oui, c'est la figure maternelle et, comme souvent chez les petits garçons amoureux de leur maman, elle a modelé son idée de la femme absolue, celle que jamais il ne rencontrera.

Après Marie, comme au pied de la croix du Christ, vint Marie-Madeleine, l'aînée de la fratrie. Née en février 1897, elle sera toute sa vie de santé délicate. Elle mourra dix-huit ans avant son frère cadet Antoine. Pour le second enfant, Jean et Marie auraient bien aimé avoir un garçon mais c'est à nouveau une fille qui s'annonça, onze mois à peine après la naissance de Marie-Madeleine. Elle n'avait pas la même nature que son aînée. Simone avait tout du garçon manqué. C'est elle qui accompagna ses frères dans toutes leurs aventures du grand parc de la maison de Saint-Maurice-de-Rémens. On lui doit deux témoignages exceptionnels de cette enfance enchantée : « La Patrie de l'enfance » puis *Cinq enfants dans un parc*. Diplômée de l'École des chartes, elle passera un quart de siècle au Vietnam, entre Hanoï et Saigon. Et c'est sous un pseudonyme qu'elle publiera un recueil de poésie (pour complaire à Antoine qui n'aimait pas trop la concurrence littéraire entre frères et sœurs). Elle y parle de ce terrain de jeux que fut le parc, « une province dont on avait fait son infini », avait écrit de son côté Saint-Ex dans *Terre des Hommes*, comprenant que dans cet infini, on ne rentrerait jamais plus car « c'est dans le jeu, et non dans le parc, qu'il faudrait rentrer ».

Pour son troisième enfant, Marie désirait tellement un fils qu'elle alla prier saint Antoine de Padoue, en multipliant les vœux. Voilà pourquoi le garçon auquel elle donna le jour le 29 juin 1900 fut prénommé Antoine. François arriva deux ans plus tard et enfin, quinze mois après, fermant la marche, ce fut le tour de Gabrielle en hommage à la tante de Marie, la vicomtesse de Tricaud,

Une scène rare et bucolique de la fratrie réunie.

qui lui avait présenté son futur mari. On surnomma la benjamine Didi ; la première fille était communément appelée Mima et la seconde Monot. Marie-Madeleine eut un autre surnom qui lui vint de son grand-père : Biche. Il paraît qu'elle avait toujours le regard craintif, observant les êtres et les choses de biais.

C'est Didi, la benjamine, qui vint au secours de sa mère lorsqu'elle pensa perdre la raison après la disparition d'Antoine.

Elle courut à Cassis pour entourer sa mère de l'affection que ne pouvait plus lui donner Antoine.

C'est dans cette maison que Marie était persuadée d'avoir entendu son fils la survoler ce terrible 31 juillet comme il l'avait déjà fait naguère avec son Lightning P38. La récente découverte de la gourmette au large de Marseille rend cette hypothèse plus hasardeuse mais qu'importe… Le Petit Prince disait bien : « J'aurai l'air d'être mort et ça ne sera pas vrai ».

Vue aérienne de Saint-Maurice-de-Rémens, une demeure synonyme de rêve, d'aventure et de paradis perdu.

5

SAINT-MAURICE-DE-RÉMENS

C'est là que tout a commencé. Les rêves, l'aventure, l'envol. Envol au sens le plus littéral puisqu'Antoine, tout petit, se construisit un jour une bicyclette volante… qui finit dans les fourrés de ce magnifique parc de Saint-Maurice-de-Rémens. Un lieu qui symbolisa tant pour lui l'enfance.

Nous sommes dans le Bugey, pas très loin de Lyon, là où Antoine est né, 8, rue du Peyrat, tout près de la place Bellecour, dont il ne lui reste pas de souvenirs. Il faut dire que sa petite famille, dévastée par la mort du père alors qu'Antoine n'a même pas 4 ans, s'est très vite réfugiée dans ce paradis, à l'invitation de la tante Gabrielle de Tricaud, ultime rescapée d'un monde ancien où rien ne devait changer. Pour atteindre ce château du XVIIIe siècle, il fallait prendre à Lyon un petit train à vapeur et descendre, 50 kilomètres plus loin, à la gare de Leyment. De là, une carriole à cheval menait la famille dans ce parc magique que les enfants n'avaient plus envie de quitter.

La chambre d'Antoine était au premier étage, côté est. Il la partageait avec son frère adoré, François. De là, il pouvait contempler le jardin qui très vite devint son royaume. Derrière une immense allée de très vieux sapins, il y avait un bosquet de lilas odorants et c'est là qu'il élut domicile avec sa sœur Simone et son frère François. Là qu'il se construisit ses premières cabanes et sa première indépendance, car chacun avait son territoire. Plus tard, Simone en parlera délicieusement dans son recueil de souvenirs, *Cinq enfants dans un parc*.

La figure de Joseph, le jardinier, hantera longtemps la mémoire d'Antoine. On connaît l'une de ses dernières lettres, en décembre 1943 :

> *Qu'ai-je à faire ici sur cette planète ? On ne veut pas de moi ?*
> *Ça tombe bien ! Je ne voulais pas d'eux ! […] Ils me haïssent ?*
> *C'est surtout fatiguant, je voudrais bien me reposer.*
> *Je voudrais être jardinier parmi des légumes. Ou être mort.*

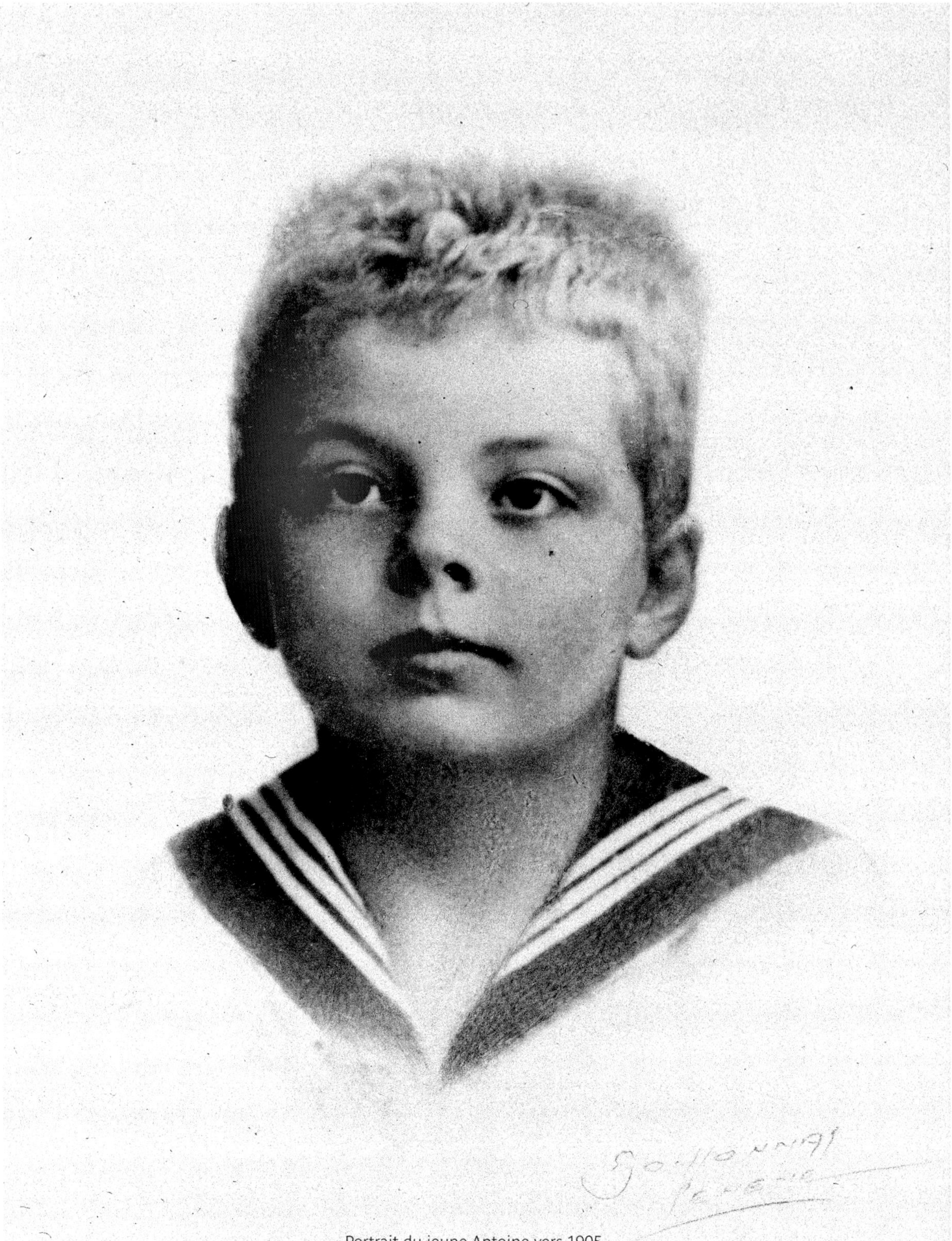

Portrait du jeune Antoine vers 1905.
Son si reconnaissable nez en trompette lui valut très tôt le surnom de Pique La Lune.

PIQUE LA LUNE

Il n'est qu'à regarder ses photos à 4, 12, 40 ans : Antoine a le nez en trompette. Relevé comme le museau d'un animal qui renifle. Cela plut aux femmes, qui furent nombreuses à l'entourer. Mais, enfant, ce fut plus difficile à supporter. Très vite, on l'appela « Pique la Lune » et très vite, il détesta cela. C'est au collège de Sainte-Croix que les plaisanteries atteignirent leur paroxysme. On se gaussait de ses sautes d'humeur et de ses soudaines rêveries qui faisaient de lui un enfant perpétuellement « dans la lune ».

Moqué par ses camarades, Antoine va prendre une éclatante revanche en essayant de piquer la « lune » au sens le plus littéral : un baptême de l'air à l'aérodrome d'Ambérieu. Il a 12 ans. Ivre de bonheur, il écrit le soir même un poème à l'intention de son professeur de français, le chanoine Margotta :

Les ailes frémissaient sous le souffle du soir, le moteur, de son chant,
berçait l'âme endormie, le soleil nous frôlait de sa couleur pâlie.

Ci-contre : Avec ses congénères du collège de Sainte-Croix, année 1914. Le jeune Antoine se trouve dans le rang du haut, le 5e enfant en partant de la gauche.

Carte postale de l'atterrissage de Jules Védrines sur le toit des Galeries Lafayette, le 19 janvier 1919.

7

LE PREMIER VOL

Ambérieu. C'est là que tout a commencé. Là que pour la première fois de sa vie, Antoine vola. Il avait à peine 12 ans. C'était en juillet 1912. Depuis trois ans, des passionnés organisaient un festival d'aviation. En 1909, en effet, la première traversée de la Manche par Blériot avait entraîné un enthousiasme considérable pour l'aventure aérienne. Un pilote, Louis Mouthier, décida de fonder une école de pilotage sur le terrain d'Ambérieu, non loin de Saint-Maurice-de-Rémens, d'où Saint-Exupéry venait très souvent à vélo assister aux démonstrations des as. À quelques kilomètres de là, à Bourg-en-Bresse, un autre meeting aérien drainait des milliers de spectateurs. Et le 15 juillet 1912, ils étaient encore plus nombreux à assister à l'attraction majeure : la démonstration du recordman de vitesse et d'altitude, Gaston Olivares. Mais à 70 mètres du sol, son avion fut pris dans un trou d'air et s'écrasa. La mort d'Olivares ne dissuada pas Antoine de tenter sa chance quelques jours plus tard.

Pendant longtemps, on pensa que ce baptême de l'air lui avait été offert par le fameux Jules Védrines, l'homme qui plus tard fut le premier à passer clandestinement sous l'Arc de triomphe, puis à se poser sur le toit des Galeries Lafayette, pour faire un peu de publicité à ces magasins qui, en la matière, ne manquèrent jamais d'imagination. Mais il y a une trentaine d'années, le mécanicien Alfred Thénoz dénicha une carte postale dédicacée par Saint-Exupéry et représentant deux frères qui allaient trouver la mort à bord de leur avion en 1914. Les frères Salvez s'appelaient en réalité Wroblewski et ce fut l'un d'entre eux, Gabriel, qui fit faire à Antoine son premier vol : deux fois le tour de l'aérodrome. L'enfant avait juré qu'il avait l'autorisation de ses parents…

Ce fut un moment magique pour le futur aviateur qui, depuis deux ans, rêvait déjà d'acheter un avion pour pouvoir survoler avec sa sœur Simone le grand parc où ils jouaient. Plus tard, elle racontera :

> *Ce qu'il espérait surtout c'est qu'en bas la foule hurle :*
> *« Vive Antoine de Saint-Exupéry ! »*

Hydravion prêt à décoller lors d'un vol d'entraînement des élèves pilotes.

8

LE MARIN

Avant les airs, la mer avait sa priorité. Après son baccalauréat à Fribourg en Suisse, au collège marianiste de la Villa Saint-Jean, il monte à Paris, au lycée Saint-Louis, puis au lycée Lakanal à Sceaux et à l'école Bossuet de l'abbé Sudour, pour y préparer l'École navale. Il échoue une première fois au concours d'entrée en 1918. Admissible en juin 1919 avec la meilleure note en mathématiques, il échouera à Brest à l'oral. Ce qui ne l'empêchera pas d'écrire, et avec beaucoup de sensibilité, sur la mer. Jules Roy résume ainsi cet échec :

> *Aurions-nous eu un second Conrad si Saint-Exupéry n'avait pas obtenu une note éliminatoire en français au concours de l'École navale ? Peut-être. Et cependant il me semble que Saint-Exupéry se fût très tôt détaché de la mer pour le ciel qui l'inspirait.*

Il ne cessera en effet de la survoler, à très basse altitude, le long des côtes ou de la traverser dès lors qu'il rejoint l'Amérique latine.

À Brest, en 1929, il passe ainsi quelques semaines à suivre un cours supérieur de navigation aérienne de la Marine nationale, qui lui permettra de voler très librement dans toutes les circonstances et vers de nouveaux horizons, même si son certificat lui est refusé pour d'obscures raisons. Alors même qu'il a passé son diplôme de transport public d'hydravions à Marignane, en reliant Marseille à Alger au plus près de la mer… Parfois au péril de sa vie lorsque, par sa faute, il manque de finir noyé aux commandes d'un hydravion dans la baie de Saint-Raphaël en décembre 1931.

La mer reste pour lui, comme le ciel, un espace littéraire. Il s'inspire d'un recueil d'histoires vécues sur les mers par Joseph Conrad, marin d'entre les marins qui publia le superbe *Miroir de la mer*. Le projet de *Terre des hommes* se construira largement à la lecture de cet ouvrage. Loti, Conrad, Melville, tous ces auteurs qui trouvent dans la mer une matière pour la vie comme pour la littérature, influencent grandement Saint-Exupéry. Et quoi de mieux qu'une longue traversée de l'Atlantique, comme celles qu'il effectuera régulièrement pour aller aux États-Unis, pour lire les auteurs qu'on aime ?

En gare de Paris, Antoine de Saint-Exupéry de retour de Moscou, s'entretient avec Yvonne de Lestrange (amie de sa mère). Avec eux la comtesse Hélène de Vogüé dite « Nelly », en 1938.

LES FEMMES DE SA VIE

Il y eut d'abord Marie, la première, la mère. Jusqu'au bout la femme aimée, le repère, le phare. Il y eut aussi Consuelo, la seule femme épousée, celle dont Henri Jeanson, qui les avait bien connus à New York, disait joliment : « Cet oiseau ne tenait pas en place, il se perchait au gré de sa fantaisie sur ce gros ours en peluche, ce gros ours volant de Saint-Ex. Ils avaient l'air de sortir d'un dessin – très animé – de Walt Disney ».

Mais il y eut aussi, avant, pendant, après, bien des femmes qui traversèrent la vie d'Antoine.

Tout commence par un chagrin d'amour dont nous ne connaissons pas la fautive. Il a 17 ans. Le poème qui la pleure s'intitule *L'Adieu*.

Il faudra que le vent l'emporte
Il en est d'une feuille morte
Comme des rêves révolus…

Un peu plus tard, on retrouvera cette vision très romantique des femmes dans le personnage de Geneviève, l'héroïne de son tout premier livre, *Courrier sud*, la maîtresse mariée du pilote Jacques Bernis. On y décèlera certains traits de la propre sœur d'Antoine, Gabrielle, la préférée, mais aussi de la jeune Odette de Sinety, la sœur de l'un de ses camarades de classe au Mans. Odette a deux ans de plus que Saint-Exupéry et fut l'une des premières à recevoir des hommages enflammés – et rimés – du futur écrivain.

Mais incontestablement, l'inspiratrice numéro un de *Courrier sud*, c'est Louise de Vilmorin. À 23 ans, il s'était fiancé avec elle après en être tombé éperdument amoureux. Comme de nombreux jeunes gens de son entourage, il avait fait partie de la petite cour qui entourait la jeune fille, âgée à l'époque de 17 ans, et bloquée dans sa chambre à Saint-Jean-de-Luz par une arthrite tuberculeuse de la hanche. Mais avec elle, les fiancés valsaient ; elle osa même qualifier de « fiançailles pour rire » sa relation amoureuse avec Antoine. Elle fit pire encore : elle vendit la magnifique bague de fiançailles qu'il lui avait offerte… pour payer les dettes d'un autre amoureux, ainsi que le manuscrit original de *Courrier sud*, publié six ans après la rupture de leurs fiançailles, alors même que le livre est tout entier à sa gloire. Saint-Exupéry ne fut pour elle que la première marche d'une vie sentimentale hors norme, deux mariages, deux divorces et, à son palmarès, Ali Khan, Orson Welles et, pour finir en beauté, André Malraux, en compagnie duquel je pus la rencontrer lors de mes premiers pas de journaliste.

Dès l'automne 1923, Louise de Vilmorin, dite Loulou, décida de s'enfuir à Saint-Jean-de-Luz sans jamais répondre aux lettres implorantes de son fiancé. Il était déjà loin le mois d'août où, dans le Jura suisse, aux côtés de son amoureux, elle écrivait à Marie de Saint-Exupéry : « Je veux vous dire que j'aime Antoine d'un vrai grand amour et que ma vie et toutes mes pensées sont à lui… Quand nous serons mariés, nous serons pour vous les plus tendres enfants du monde ».

Les rapports qu'il eut alors avec Renée de Saussine, qu'il appelait sa directrice littéraire et que l'on surnommait Rinette, furent de nature plus amicale qu'amoureuse, même si Antoine souffrait d'un manque d'amour après la rupture de ses fiançailles avec Loulou. C'est à elle qu'il fit lire ses premières nouvelles : « Manon, danseuse » et « L'Aviateur ».

Le même type de relations l'unit à sa cousine éloignée Yvonne de Lestrange, de huit ans son aînée. Il lui montra les épreuves de *Courrier sud*. Elle demanda alors à André Gide et à Léon-Paul Fargue de les relire et, lors d'un dîner qui réunit Gide, Jean Prévost et Jean Paulhan, elle organisa une campagne de presse autour du livre.

Yvonne de Lestrange avait accueilli Antoine lors de son arrivée à Paris pour préparer l'École navale. Elle l'emmena partout, à l'opéra, au théâtre et dans les soirées mondaines. Et comme il était très démuni, elle l'invitait souvent au restaurant. Toute sa vie, il restera très proche d'elle. Elle fut l'une des dernières à le voir avant son départ pour les États-Unis en décembre 1940.

Ci-dessus : Portrait de la belle Louise de Vilmorin.

On aura remarqué que jusqu'alors seules les aristocrates à particule tapaient dans l'œil du jeune Antoine. Cela changea avec Consuelo, après une longue période fort frivole et agitée. Mais très vite, les bonnes vieilles habitudes reprirent avec l'arrivée de Nelly de Vogüé dans la vie d'Antoine. Elle avait 19 ans et venait tout juste de se marier quand il la rencontra pour la première fois, mais elle était âgée de 30 ans quand leur amitié se fortifia.

La complicité intellectuelle se transforma en liaison en un temps où la vie amoureuse d'Antoine était très décousue. Nelly le retrouva à New York, à Orconte, à Alger. Et c'est à elle qu'il écrivit une dernière lettre la veille de sa disparition.

Cinq ans plus tard paraissait la première biographie de Saint-Exupéry signée Pierre Chevrier. Étrangement, la trace de Consuelo y avait été soigneusement effacée. Pierre Chevrier n'était en fait que le pseudonyme de Nelly de Vogüé…

Il y eut ensuite Natalie Paley, de qui Antoine tomba amoureux à New York en 1941. Née princesse Romanov, elle faisait tourner toutes les têtes, y compris celle de Jean Cocteau, pourtant homosexuel notoire, qui prétendit qu'elle attendait un enfant de lui. Avec Louise de Vilmorin, voici la deuxième conquête commune aux deux hommes…

Quelques mois après Natalie Paley, toujours à New York, Antoine rencontra Sylvia Hamilton, par l'intermédiaire de son traducteur, Lewis Galantière. Amitié amoureuse instantanée, et pourtant aucun des deux ne parle la langue de l'autre. C'est sans doute le dernier amour de Saint-Exupéry qui lui léguera le manuscrit original du *Petit Prince*. D'après elle, la fameuse phrase du Renard, « L'essentiel est invisible pour les yeux, on ne voit bien qu'avec le cœur », lui est dédiée.

Il faudrait encore pouvoir citer une belle inconnue, rencontrée dans un train entre Oran et Alger en 1943. Il en tombe follement amoureux mais elle ne cédera pas à la tentation, bien réelle pourtant. Elle a vingt ans de moins que lui, elle est mariée et ambulancière pour la Croix-Rouge. Il l'inonde de lettres. Elles seront publiées en 2008 par les éditions Gallimard sous le titre *Lettres à l'inconnue* parce qu'à ce jour on ne connaît toujours pas son nom. Il y écrit : « On sait bien que les contes de fées sont la seule vérité de la vie. »

10

VRP

VRP veut dire « voyageur représentant placier ». Mon père a été VRP. Saint-Exupéry aussi. Tout comme lui, il a d'abord commencé comme employé de bureau. C'était au siège social de la tuilerie Boiron, tout près de la place de la Concorde. Il s'y est ennuyé mortellement – « L'aiguille des secondes est ma seule joie ». Et tout comme mon père, Antoine a cru pouvoir distraire cette routine en voyageant sur les routes de France. Il le fit pour le compte d'un fabricant de camions, Saurer, de 1924 à 1926, juste avant de s'engager dans l'aventure de l'Aéropostale. Son secteur regroupait trois départements, le Cher, l'Allier et la Creuse, et il passait ses nuits dans des petits hôtels de campagne le plus souvent sans charme. Je sais, mon père me l'a raconté et j'ai eu pour lui rétrospectivement beaucoup d'admiration. Je crois qu'il aurait fait sienne cette observation d'Antoine à sa sœur Marie-Madeleine : « Je mène une vie terriblement solitaire, toujours sur la grande route. Je ressemble pas mal à un Juif errant : je ne couche pas deux jours dans la même ville. J'en connais des chambres meublées. Il ne se passe rien dans ma vie. Je me lève, je roule en auto, je déjeune, je dîne. Je ne pense à rien. C'est triste. »

Mise au courant de cet ennui profond qui terrassait son seul fils, Marie demanda alors à l'abbé Sudour, qui fut le proviseur d'Antoine à l'école Bossuet, de l'aider à faire carrière dans l'aviation. Et c'est ainsi que tout commença…

Page de gauche :
Paysage de l'Allier, l'une des routes que devait arpenter Saint-Ex le VRP.

Pierre Latécoère (1883-1943) industriel, constructeur d'avions français, fondateur en 1919 de la compagnie Aéropostale, ici dans les années 1920.

11

LATÉCOÈRE

S'il est un homme, mélange fascinant de vision et de pragmatisme, qui croit fermement en l'avenir de l'avion en ce début du XXe siècle, près de Toulouse, c'est bien Pierre-Georges Latécoère. Quelques semaines avant l'armistice, le 7 septembre 1918, ce grand industriel un peu sec, très actif, monte à Paris pour présenter au gouvernement ce qui tient lieu de premier projet de ligne commerciale aérienne. Le sous-secrétaire d'État à l'Aéronautique l'écoute distraitement, à peine poli. Latécoère, furieux, sort du bureau et reprend le train de nuit, pour Toulouse, le jour même, plus résolu que jamais à voler de ses propres ailes, à tout point de vue.

Son plan est simple, pourtant, et génial : une lettre met alors au bas mot un bon mois, avec bateau et train, pour aller de Paris à Buenos Aires. Le volume actuel croissant de correspondance entre l'Europe et l'Amérique latine justifie bien un autre rythme. Avec un de ses avions, un Salmson, Latécoère imagine le trajet idéal. Paris-Toulouse, neuf heures de train. Toulouse-Casablanca, comptons treize heures de vol. Neuf heures encore pour le chargement et le plein d'essence. Casablanca-Dakar, une journée et demie. Mais Latécoère privilégie l'escale de Saint-Louis du Sénégal. Et de là, plutôt que d'emprunter un bateau qui met dix-sept jours pour le Brésil, vingt-trois pour l'Argentine, on ira en hydravion jusqu'aux îles du Cap-Vert, à 800 kilomètres, en quelque six heures, puis un aviso prendra le relais et franchira en trois jours les 2 000 kilomètres qui restent pour atteindre les rochers de Noronha. De ce point, au large des côtes brésiliennes, un hydravion pour Recife permettra en cinq heures de franchir les 600 kilomètres qui le séparent du continent. Une journée supplémentaire donnera accès à Rio, une journée encore pour Buenos Aires. Au total, une semaine pour effectuer plus de 12 000 kilomètres, c'est-à-dire trois semaines de moins que dans la formule actuelle. Un gain de temps et d'argent considérables.

Le jour même de l'armistice, le 11 novembre 1918, Latécoère va déposer au greffe du tribunal de commerce de Toulouse les statuts d'exploitation de la Cema, la Compagnie Espagne Maroc Algérie. Il fait appel à une ancienne connaissance, Beppo de Massimi, marquis italien de naissance, mais patriote français, cavalier et aviateur qui vient tout juste d'être démobilisé, pour créer avec lui la fameuse Ligne. Tandis que les deux hommes courent les ministères pour obtenir l'autorisation de relier Toulouse à l'Afrique du Nord et qu'ils cherchent le meilleur tracé pour la Ligne, Latécoère déclare en forme de défi : « J'ai refait tous les calculs, ils confirment l'opinion des spécialistes : mon idée est irréalisable. Il ne me reste plus qu'une seule chose à faire : la réaliser. » Le 25 décembre 1918, Latécoère, habillé d'une épaisse tunique fourrée, la tête moulée dans un casque en cuir, franchit les Pyrénées à bord d'un Salmson et atterrit à Barcelone. La Ligne est lancée. Le 8 mars 1919, Latécoère repart de Toulouse, un exemplaire du journal *Le Temps* et un bouquet de violettes au fond de la carlingue… direction Barcelone, Alicante, puis Malaga. Il s'affranchit du refus du gouvernement espagnol qui ne souhaite pas que son territoire soit survolé. Le lendemain, à quinze heures précises, il salue le résident général Lyautey qui l'attend, avec son épouse, sur la piste de Rabat. Au maréchal Lyautey, qu'il connaît bien, il offre le journal de la veille et à la maréchale, l'emblème de Toulouse, des violettes encore fraîches. Deux jours plus tard, Lyautey, conquis, accorde un prêt d'un million de francs à l'entreprise Latécoère et lui assure une concession de cinq ans pour exploiter, à raison de huit vols par mois, la ligne Toulouse-Rabat dont le trajet ne devra pas dépasser les quarante-huit heures. Parallèlement, Latécoère met en place des aéroplaces

Ci-contre :
Publicité pour les « Lignes aériennes Latécoère » (l'Aéropostale), vers l'Afrique et l'Amérique du Sud. 1927.

Page de droite :
Saint-Ex au pied de son avion Latécoère 28 à Toulouse en 1933.

sur la route avec des groupes électrogènes pour faire marcher les phares de balisage indispensables lors des atterrissages de nuit. La fameuse Ligne sera prolongée jusqu'à Dakar en 1924.

Saint-Exupéry entre chez Latécoère en 1926 par l'entremise de son ancien professeur de l'école Bossuet l'abbé Sudour, qui le mariera à Consuelo quelques années plus tard. La Compagnie générale d'entreprises aéronautiques, la CGEA, est alors administrée par Beppo de Massimi. À sa demande, Saint-Exupéry rencontre le directeur d'exploitation de la société, Didier Daurat, et commence donc sa collaboration avec l'entreprise. En avril 1927, Latécoère cède définitivement à Marcel Bouilloux-Lafont la société qui deviendra la Compagnie générale aéropostale. Latécoère, qui se retire de l'Aéropostale, se passionne alors pour la construction d'hydravions de gros tonnage. Avant de disparaître à 59 ans en 1943, laissant une trace considérable dans le développement de l'aviation commerciale et de la poste aérienne.

Avion de l'Aéropostale au Brésil.
Didier Daurat, directeur d'exploitation
de Latécoère, vers 1930.

DAURAT

Saint-Exupéry est reçu à Toulouse par Didier Daurat… Il ne voit d'abord dans ce petit bureau austère qu'un nuage épais de fumée blanche, une silhouette derrière une table encombrée de papiers. Le nuage s'anime et laisse apparaître une forme trapue, littéralement enfoncée dans un fauteuil. Un regard bleu et sombre le dévisage. Deux yeux d'une incroyable dureté, placés au milieu d'un masque fermé, surmonté d'un front volontaire, obstiné, et d'une épaisse mèche de cheveux. Le visage est fendu de très fines lèvres bordées par une petite moustache et prolongées par la cigarette aux trois quarts consumée.

Daurat est déjà un héros, un héros bougon, de petite taille et d'autant plus dominateur. Plusieurs de ses camarades le surnomme « Vache ». De son enfance parisienne – il est né en 1891 –, de cette famille d'ouvriers méritants, il a gardé un accent des faubourgs de Montreuil-sous-Bois qui amuse beaucoup les Toulousains.

Daurat est avant tout un survivant et c'est ce qui fait de lui le patron incontestable et incontesté de la future Aéropostale : être le seul rescapé, parmi soixante-quatre pilotes, d'une escadrille de bombardement, la BR-231, engagés dans un combat sans merci, forgera à jamais ce caractère d'acier.

Pour la Ligne, Didier Daurat donne ainsi l'exemple : le 1er septembre 1919, il embarque donc à bord d'un Breguet XIV, longe le canal du Midi, la voie ferrée Narbonne-Perpignan, suit le mont Canigou, la côte, s'arrête successivement à Barcelone, Alicante, Malaga, emprunte le détroit de Gibraltar et débarque le lendemain après-midi à Rabat. Il livre ainsi en un temps record les premiers courriers du service postal franco-marocain dont Lyautey autorise la création et qui, désormais, quittera Toulouse à destination de la capitale marocaine tous les jeudis et samedis. Deux ans plus tard, Daurat en fait une liaison quotidienne, et ce dans les deux sens. « Partir et arriver à l'heure : tout le secret de notre entreprise est contenu dans cette formule », rappelle sans cesse Beppo de Massimi. Daurat, auréolé de ses succès, impressionnant d'autorité, est nommé chef d'escale à Malaga, chargé de faire de l'aéroplace locale une étape organisée de la Ligne.

Les débuts de la Ligne sont dramatiques. La litanie des pilotes ou des mécaniciens disparus le rappelle : Rodier, Marty-Mahé, Genthon, Bénas, Sagnot, Mérel, Garrigue, Stitcher… tous morts tragiquement pour avoir voulu porter du courrier, de jour, de nuit, coûte que coûte, quelle que soit la météo, par-delà les pannes, les avaries, les hélices cassées. La Ligne est gourmande en vies humaines et la presse ne se prive pas de critiquer la mégalomanie destructrice de Latécoère. Parmi les pilotes de Montaudran, la colère gronde et, pour la calmer, Massimi convainc l'industriel de nommer Daurat directeur de l'exploitation à Toulouse. Chef implacable, froid, souvent cassant, faisant preuve d'un ascendant que tous ses pilotes, qui le craignent, lui reconnaissent, on le surnomme dès lors le « camarade gelé » tant il paraît inaccessible. Pour faire le tri parmi les nombreux candidats à la Ligne, il n'a qu'une méthode : les mettre à l'épreuve, briser l'orgueil de leur jeunesse en les envoyant aux ateliers comme mécano ou ouvrier, pour laver les cylindres à la potasse, monter et démonter les moteurs, balayer les hangars. En quelques mois, la discipline devient une règle implacable, les horaires sont respectés à la minute près, les épouses des pilotes sont interdites auprès de leurs époux : « Mon rôle m'impose d'écouter les moteurs, pas les bavardages, dit Daurat en précisant : lorsqu'un de mes pilotes se marie, il perd la moitié de sa valeur. »

L'année 1926 est celle de la rencontre des deux hommes. Saint-Exupéry vient tout juste de publier sa première nouvelle, « L'Aviateur », en avril. Les éditions Gallimard font un pari, elles signent un contrat avec ce jeune auteur qui semble, du moins dans sa passion des airs sinon dans le style, marcher sur les traces de Joseph Kessel. Antoine est recruté sur-le-champ. Le soir du 13 octobre 1926, il est dans le train qui le mène à Toulouse, son nouveau port d'attache. Didier Daurat imagine d'engager Saint-Exupéry à la direction. Mais Tonio veut évidemment voler. Ne faire que cela. Fidèle à ses méthodes et à son bon usage de la frustration, Daurat lui impose quelques semaines de formation comme mécanicien avant de lui accorder le privilège d'un poste de pilote.

L'aventure les conduira à travailler plus de cinq années ensemble. Sans familiarité, sans qu'on puisse parler d'amitié, les relations entre les deux hommes sont excellentes. Mais en mars 1931, le scandale financier de Bouilloux-Laffont éclate. Les banques réclament le remboursement des avances faites à la compagnie. Même si Bouilloux-Laffont possède 93 % du capital, la démission de Pierre-Georges Latécoère qui en possède les 7 % restants est un signe inquiétant. La compagnie de l'Aéropostale est mise en liquidation. Beppo de Massimi se retire. Seule la liaison entre Toulouse et Santiago est maintenue. Didier Daurat est « démissionné » en juin 1932. Des accusations de mauvaise gestion et de destruction par le feu de certains courriers l'accablent, injustice que répare Saint-Exupéry en prenant vivement la défense de la « Vache » dans le premier numéro de *Marianne* en octobre 1932.

Jamais Saint-Exupéry, qui fait de Daurat le héros de *Vol de nuit* sous le nom de Rivière, n'oubliera l'homme exigeant et inflexible qui lui a donné sa chance dans les airs et dont le personnage sera joué en 1949 par Pierre Fresnay, dans un film d'Henri Decoin, *Au grand balcon*. Daurat crée en 1935 une compagnie de livraison de courrier, Air Bleu, puis relance après la guerre la Postale de nuit avant de terminer sa carrière comme chef d'exploitation d'Air France à l'aéroport d'Orly. Il meurt en 1969 à Toulouse et est enterré, à sa demande, sur l'aérodrome de Montaudran.

Ci-dessous : Atelier de mécanique. France, vers 1930.

La grande famille des pilotes de l'aéroport
de Montaudran en 1926.

13

MONTAUDRAN

Lorsque Saint-Exupéry découvre l'aérodrome de Montaudran en octobre 1926, deux jours à peine après avoir été engagé chez Latécoère par Beppo de Massimi – ami de l'abbé Sudour à qui Marie de Saint-Exupéry avait demandé de trouver pour son fils un travail –, le terrain d'aviation n'a absolument aucun charme. En tout cas pas celui qu'il décrira plus tard dans *Terre des hommes*. Montaudran, qui est alors le seul aéroport de la ville de Toulouse, avant d'être détrôné par Blagnac, n'est qu'une piste en ciment ceinturée de tristes bâtiments en béton. D'où d'ailleurs la difficulté à garder une trace mémorielle de ce lieu symbolique chargé d'histoire et d'émotion. Il y a une dizaine d'années, le maire de Toulouse, Jean-Luc Moudenc, nous avait consultés, mon frère et moi, pour échanger sur ce que pourrait devenir aujourd'hui ce lieu de mémoire. En effet, dans *Courriers de nuit* nous avions déjà raconté notre vision du Montaudran de l'époque.

De fait, Saint-Exupéry a tout de suite adopté ces hangars et ces alentours boueux. Sans doute aimait-il davantage l'hôtel du Grand Balcon où les aviateurs du Latécoère étaient logés à deux pas de la magnifique place du Capitole. C'est là que les pionniers de l'Aéropostale pouvaient faire ripaille à leur retour de mission. L'hôtel, qui menaçait de tomber en ruine, a aujourd'hui été très bien réhabilité. J'ai pu dormir dans la chambre de Saint-Exupéry. Ce n'est pas la plus belle mais c'est assurément la plus habitée par l'Histoire et la légende.

Les nuits étaient courtes à l'hôtel du Grand Balcon. À quatre heures du matin, un vieil autobus venait chercher les pilotes pour les conduire à l'aérodrome de Montaudran. Les conditions météorologiques n'avaient pas une importance primordiale : quoi qu'il arrive, coûte que coûte, il fallait livrer le courrier au Maroc puis au Sénégal. D'où le nombre effrayant de morts parmi les héros de cette page glorieuse de l'aviation : plus de 120 pilotes et mécaniciens ! Personne ne s'en plaignait chez Latécoère. On avait même tendance à penser que là était la noblesse de la mission : délivrer en temps et en heure les missives les plus anodines comme les courriers d'affaires ou de simples lettres d'amour…

Antoine de Saint-Exupéry à Cap Juby en 1927.

CAP JUBY

J'ai vécu des heures étranges à Cap Juby. En cheminant le long de cet aérodrome aujourd'hui à l'abandon, j'ai essayé d'imaginer ce qu'a pu être la vie de Saint-Exupéry pendant deux ans, à la fin des années 1920. C'est là, dans les profondeurs de l'ennui, au milieu de nulle part, face à un environnement hostile, qu'il a beaucoup puisé en lui et qu'il a définitivement forgé son caractère, fait en grande partie d'un goût profond pour la solitude. C'est là aussi qu'il s'est essayé avec bonheur à l'écriture puisque de ce long séjour dans le désert sortira *Courrier sud*, son premier roman.

L'endroit est, disons-le, plutôt inhospitalier. Du vent, beaucoup de vent, et du sable, toujours trop de sable, surtout quand le vent s'en mêle. La ville s'appelle aujourd'hui Tarfaya, elle est marocaine. Lorsqu'en 1928, Saint-Exupéry fut nommé responsable du terrain d'atterrissage, après avoir volé pendant un an dans la région, en aval et en amont, Cap Juby faisait encore partie des possessions espagnoles du Río de Oro. Ce n'est qu'en 1976 que l'Espagne les céda définitivement au Maroc, donnant naissance à la rébellion du Front Polisario et à la crise qui s'ensuivit.

Si Didier Daurat avait envoyé Saint-Exupéry là-bas, ce n'est pas parce que c'était son meilleur pilote, mais parce qu'il se montrerait fin diplomate face au gouverneur espagnol de Cap Juby qui multipliait les difficultés pour les droits de survol de son territoire. De plus, les tribus nomades ne cessaient de prendre pour cible les méharistes et les aviateurs français. Nombre d'entre eux furent capturés ou pris en otage car ce commerce était très vite devenu fort lucratif.

Affiche de l'Aéropostale de Jacques Auriac (1922-2003). Offset couleur, cop. 2004. Paris, Bibliothèque Forney.

Saint-Exupéry (portant des lunettes, à gauche)
avec les pilotes de la base de Cap Juby en 1928.

Les Espagnols, qui ne voyaient pas au début d'un très bon œil cette présence française, n'avaient attribué à Saint-Exupéry et à ses trois mécaniciens qu'une hutte sommaire, face à l'océan, ouverte à tous les vents, et surtout aux maraudeurs…

La hutte n'existe plus aujourd'hui mais j'ai visité la forteresse à laquelle elle était adossée. J'ai même eu la chance de la survoler grâce à une montgolfière siglée aux armes du *Petit Prince* et affrétée par le Lyonnais Franck Béjat, grand amoureux de Saint-Exupéry s'il en est et infatigable avocat de la transformation du nom de l'aéroport international de Lyon. C'est grâce à lui et à quelques autres que Satolas est devenu Saint-Exupéry…

D'en haut, on ne voit que cette immense forteresse blanche, des barbelés et une piste d'atterrissage recouverte par le sable. À l'époque de Saint-Exupéry, il y avait en plus une colonie pénitentiaire. Les gardiens étaient, paraît-il, aussi patibulaires que les prisonniers. Les mêmes loques, la même absence de soins. C'est ce que nous apprend un témoin de choix, Joseph Kessel, pour qui Cap Juby abritait essentiellement des fantômes. Et Antoine de Saint-Exupéry était l'un d'entre eux…

À son arrivée, il écrivait d'ailleurs à sa mère que ce décor, idéalisé au départ dans ses rêves de désert, lui semblait de « plus en plus bête ». « Ces coulisses du Sahara, ornées de quelques figurants, m'ennuient comme une banlieue sale. » Pourtant au fil des mois, Saint-Exupéry s'attacha à ce lieu, aux indigènes qui l'appelaient le « Grand Marabout blanc » et à l'étrange ménagerie qui peuplait sa solitude. Son ami Henri Delaunay nous parle d'une hyène qui sentait tellement mauvais qu'il fallait l'attacher à l'extérieur, d'un singe à moitié fou qui mangeait des lames de rasoir, d'un énorme chat et d'une chienne qui, elle aussi, se laissait aller… Il y avait également un caméléon, une gazelle qui lui mangeait dans la main et un fennec qu'il voulut apprivoiser et qui lui inspira le personnage du Renard dans *Le Petit Prince*. C'est dans cette étrange compagnie qu'il surveilla les alentours de sa base et qu'il secourut plusieurs pilotes en difficulté, notamment Riguelle, puis Reine et Serre.

En fin de compte, il aimait profondément ce paysage lunaire et cette camaraderie, cette fraternité : « Le vent, le sable et les étoiles. La vie austère des trappistes, écrivit-il pour raconter cet ultime sauvetage en plein désert. Mais sur cette nappe mal éclairée, six ou sept hommes, qui ne possédaient rien au monde hormis leurs souvenirs, partageaient une invisible richesse. »

Marcel Reine et Henri Guillaumet
aux Halles de Paris avant leur dernier vol
le 27 novembre 1940.

15

REINE

Dans *Terre des hommes*, Saint-Exupéry s'inspire de l'opération de sauvetage déclenchée pour retrouver Marcel Reine, un des meilleurs pilotes de la Ligne, accompagné d'Édouard Serre, chef du service de la radio auprès de Latécoère. Atterri à Cap Juby, en fin de journée, en septembre 1928, leur avion était reparti sans tarder vers Villa Cisneros, à la demande d'un inspecteur de la compagnie, seul passager qu'ils transportaient. Le lendemain matin, aucun contact n'avait été établi avec une base, l'avion fut donc tenu pour disparu, probablement tombé en mer ou dans le désert, alors aux mains des Maures. Plusieurs tentatives infructueuses de recherche s'étant soldées par des accidents, on ne perdit cependant pas espoir, avant d'apprendre que les deux hommes avaient été pris en otages.

Ce n'est pas la première fois que Marcel Reine tombe dans leurs mains. Ce ne sera pas la dernière fois que Saint-Exupéry portera secours à l'un de ses camarades : après avoir dépanné René Riguelle en juillet, il sauve en novembre de la même année Vidal, qui lui succédera au poste de Cap Juby. Mais avec Reine, c'est plus compliqué. Un bon mois durant, Saint-Exupéry devra négocier avec les R'Gueibat pour obtenir la libération de ses deux camarades. Reine valait bien qu'on se donne de la peine ! Il est l'un des pilotes les plus doués de sa génération, particulièrement réputé pour les vols de nuit, pour ses quelque quatre-vingts traversées de l'Atlantique sud et ses nombreux survols de la dangereuse cordillère des Andes. Marcel Reine, cadet d'une année d'Antoine, fait ses armes comme pilote militaire avant d'être engagé par les Lignes aériennes Latécoère en décembre 1924. Sa disparition le 27 novembre 1940 avec Henri Guillaumet au large de la Sardaigne, à bord d'un Farman d'Air France, restera un objet de polémiques largement provoquées par Pierre Laval, vice-président du Conseil, qui accusera les Britanniques d'avoir abattu leur avion.

Antoine de Saint-Exupéry sur le tournage du film *Courrier Sud* à Mogador, Maroc, en 1936.

16

COURRIER SUD

Cinq années, entre 1926 et 1931, suffiront à donner à l'écrivain la matière de toute son œuvre. Influencé par sa lecture en 1923 de *L'Équipage* de Joseph Kessel, son aîné de deux ans, il rêve d'écrire et voler comme son auteur.

Présenté par Jean Prévost à Gaston Gallimard, Saint-Exupéry signe un contrat pour sept livres, tous des romans, dont le premier paraît en 1929. C'est *Courrier sud*, né après l'expérience de « L'Aviateur », et celle du désert, de Cap Juby, de l'escale, de l'attente, du recueillement en soi, quasi mystique. Il écrit la nuit, dédie son texte à Louise de Vilmorin, et rencontre un joli succès, auprès des critiques, mais également auprès du public. Un premier livre qui amorce le sempiternel débat : « *l'écrivain* ou *le pilote* ou *le pilote et l'écrivain* ? » en partie en raison de la préface d'André Beucler qui affirme, sans hésiter, que ce livre n'est pas celui d'un écrivain !

Saint-Exupéry commence à écrire, dans un style quasi télégraphique, ce roman largement autobiographique à la fin 1927 alors qu'il est chef d'escale dans le Sahara espagnol et que les premiers services aéropostaux hebdomadaires conduisent les avions vers l'Amérique latine : Rio de Janeiro, Buenos Aires... Il le termine, lors d'un congé en France, en mars 1929. De la fréquentation assidue depuis octobre 1926 des pionniers de la Ligne, les Guillaumet, Mermoz, Vachet, Lécrivain, Étienne et les autres, il a tiré suffisamment de traits de caractère et d'anecdotes. Il est évidemment Jacques Bernis, ce pilote qu'il avait déjà présenté dans « L'Aviateur » et qui est le personnage principal de *Courrier sud*. Son héros retrouve une amie d'enfance, désertée par son mari, Geneviève.

Un temps, les deux amants pensent qu'ils vont vivre une nouvelle vie. Malgré ce qui les sépare, l'éducation, la richesse… mais qui les rattrape cruellement. S'ils s'enfuient, ils ne dépassent pas Sens, et ils finissent, dans une chambre d'hôtel, par reconnaître leurs différences et leurs illusions quant à un rêve amoureux qui n'est qu'un mirage. Tandis que Geneviève meurt, Bernis s'écrase avec son avion dans le sable du désert. Un premier livre, fiévreux, comme un cœur qui bat, dans un étrange déséquilibre entre l'amour de Jacques et de Geneviève et les tableaux aériens.

Tournage du film *Courrier Sud* de Pierre Billon d'après l'ouvrage d'Antoine de Saint-Exupéry, au Maroc, 1936 (avion Latécoère 28-1 *Bourrasque* prêté par Air France).

F-AJJF

Jean Mermoz (1901- 1936) aviateur français, pilote de l'Aéropostale qui disparut en mer au large de Dakar, ici vers 1930.

JEAN MERMOZ

Il sera le premier à traverser l'Atlantique Sud et le premier à y disparaître à bord d'un avion. Sa disparition avec son équipage à bord de la *Croix du Sud* le 7 décembre 1936 bouleverse Saint-Exupéry. Dans les jours qui suivent la nouvelle, il ne cesse d'écrire sur son ami, exhortant les secours à continuer les recherches, espérant l'impossible. « Nous sommes quelques-uns à ne pas renoncer encore à Mermoz », tel est le titre d'un article qu'il publie le 10 décembre dans *L'Intransigeant*.

Il aime Mermoz depuis toujours. Le Mermoz de Cap Juby, élégant, noble, avec son éternel pantalon de méhariste, sa cigarette au bec, ce mégot finissant toujours par tomber sur les mots croisés qu'il ne cesse de compléter. Tandis que lui, Saint-Exupéry, avec ce nez en trompette, ces yeux saillants, cette enveloppe gauche, dans sa gandoura, affalé sur son lit de camp, regarde cet homme vraiment magnifique… « Tu es large comme une génération », texte publié dans les *Cahiers Saint-Exupéry*, est une véritable déclaration d'amour :

> *Tu n'étais pas un archange. Tu étais un homme. Un homme*
> *avec des colères, des tendresses, des élans, des déceptions d'homme.*
> *Tu étais de la belle race. Celle qui se colle au monde par toute sa carrure.*
> *Celle qui multiplie les liens, les contacts, celle qui offre le plus de prise,*
> *comme un arbre. Tu sais cette impression que l'on avait devant toi.*
> *Tu étais un arbre avec des racines. Tes colères prenaient très loin dans le tuf.*
> *Tu offrais de la prise au vent. Tu appelais ça, vivre fort.*

Jean Mermoz est né le 9 décembre 1901 dans le petit village d'Aubenton. Entre Ardennes, Champagne et Lorraine. Son père, Jules, travaille à l'auberge du Lion d'Or. Sa mère, Gabrielle Gillet, menue mais déterminée, décide de quitter le domicile conjugal et de retourner chez ses parents. Son fils a un an à peine. Toute sa vie, comme le fait Saint-Exupéry avec Marie, Jean Mermoz écrira à sa mère, Gaby, il lui destinera ses plus belles lettres d'amour, n'en déplaise aux femmes qui tenteront de l'aimer. Une mère surnommée Mangaby, couturière puis infirmière. Une mère qui compte doublement car, toujours comme Saint-Exupéry, Mermoz est, très jeune, privé de père.

À 19 ans, il choisit de rejoindre l'armée, celle de l'air, et signe un engagement pour quatre ans, à compter d'avril 1920. Il apprend son métier, part en Syrie en 1922 et effectue à ce moment-là de nombreux vols. Mais l'armée n'est pas faite pour lui. Démobilisé, après une longue période sans travail et de grand désespoir, il est engagé en septembre 1924 par les Lignes aériennes Latécoère. Soit dix-huit mois avant son camarade Antoine de Saint-Exupéry. Sa rencontre avec Didier Daurat est mémorable. Celui-ci, en guise de bienvenue, le rabroue et le fait travailler d'office comme mécano. Après un vol qualifié d'amateur par Daurat, ce dernier lui fait « dégrouper » les moteurs. Mais peu à peu, le pilote s'affirme et se distingue auprès du redoutable directeur qui doit bien reconnaître le talent et le métier de sa jeune recrue. Sur son Breguet XIV, il assure la ligne Toulouse-Barcelone, survole avec aisance les Pyrénées, puis poursuit sur la ligne Barcelone-Malaga. Dès 1926, il est affecté au courrier entre Casablanca et Dakar. Il s'illustre dans un environnement hostile, celui des Maures qui s'emparent, quand ils ne les tuent pas, des pilotes tombés dans le désert. Lui-même, capturé avec son mécanicien, sera libéré en mai 1926 contre le versement d'une rançon. Plus tard, ce sera lui qui portera secours à des camarades pilotes également égarés dans les sables du Sahara.

Nommé à Rio de Janeiro en 1927 pour développer les liaisons de l'Aéropostale avec l'Amérique latine, il montre son habileté à survoler la cordillère des Andes, non sans connaître quelques aventures : un atterrissage en montagne, puis un décollage insensé, une prise de vitesse en piquant. L'ouverture de la ligne des Andes le 15 juillet 1929, en compagnie de Guillaumet, est un événement considérable pour le monde de l'aviation et l'Amérique latine. En mai 1930, Mermoz réalise enfin le grand rêve de Pierre-Georges Latécoère : à bord d'un avion Latécoère 28-3, le fameux *Comte de La Vaulx*, il relie l'Afrique à l'Amérique, Saint-Louis à Natal. Mermoz, surnommé le Grand, est désormais un héros. Le plus grand de tous les pilotes de l'Aéropostale. En six ans, il aura traversé vingt-quatre fois l'Atlantique sud, notamment le 12 janvier 1933 en reliant Le Bourget à Buenos Aires. Aucun autre homme n'avait encore jamais effectué pareille folie ! « Tu sais, je ne voudrais jamais descendre », écrit-il à Joseph Kessel.

Était-il temps de partir ? La liquidation de l'Aéropostale en 1931 le met hors de lui. S'il participe à l'aventure des débuts d'Air France, il fait également de la politique, adhère aux Volontaires nationaux, est intégré par le colonel de La Rocque aux Croix-de-Feu et fonde le Parti social français dont il devient le vice-président en juillet 1936. Mais l'aviation lui manque… Comme l'Afrique…

Ce petit matin du 7 décembre 1936, à Dakar justement, Guillaumet assiste au départ de Mermoz et de son Laté-300, un hydravion dans lequel on charge le courrier arrivé la veille de Paris. À dix heures et quarante-sept minutes, à 700 kilomètres de Dakar, le dernier appel radio parvient, capté au Sénégal : « Coupons moteur arrière droit… » Guillaumet file avec son appareil sur le théâtre de la disparition ; des avions, des avisos, des cargos chercheront vainement une trace de Mermoz et des siens. La France est en deuil de celui qui disait : « L'accident, pour nous, ce serait de mourir dans un lit. » Le 30 décembre 1936, à l'hôtel national des Invalides, une cérémonie officielle en hommage à l'équipage disparu se tient en présence d'Édouard Daladier, ministre de la Défense nationale et de la Guerre et Camille Chautemps, ministre d'État du Front populaire.

Quand Saint-Exupéry apprend la mort du pilote de Paris où il se trouve, dans son grand appartement de la place Vauban, face aux Invalides, il dîne avec le compositeur Arthur Honegger. Il est bouleversé. La nuit, il écrit à Mermoz, ne pouvant imaginer qu'il puisse avoir ainsi disparu, sans lui dire au revoir, sans lui parler : « Je te garde ta place, toute chaude dans ces petits bistrots du soir où nous nous retrouvions. Tu seras en retard comme toujours, ô mon insupportable ami… J'ai si peur de ne plus jamais t'imiter. »

Saint-Louis (Sénégal). L'hôtel et le café de la Poste où les pilotes de l'Aéropostale descendaient avant 1933. Janvier 1963.

18

SÉNÉGAL

Saint-Exupéry découvre le Sénégal dès son engagement pour la Ligne, y fait de nombreuses escales et finira par y être muté début 1927. La capitale africaine le déçoit : « Ce n'est pas la peine d'aller chercher au fond de l'Afrique une vague banlieue lyonnaise », mais il trouve son bonheur un peu plus haut, toujours sur le tracé de la Ligne. À Saint-Louis du Sénégal. Dakar est humide. « Dakar est assez moche. » Par deux fois, il y fait des séjours forcés, l'une parce que son avion est tombé en panne, l'autre parce qu'il est, lui-même, tombé en panne, en panne de santé, victime d'une sale fièvre dengue qui le retient trois semaines à l'hôpital.

Certains pilotes s'amusent cependant à Dakar. Les balades aux îles de la Madeleine, sur la pointe des Almadies, à l'îlot N'Gor, à Gorée, sur le lac Retba, avec ses rêves tout roses, ses oiseaux et ses couchers de soleil… Les femmes aussi : « Dakar est un trou et tout le monde m'apprend ce soir que je suis… fiancé. J'étais le seul à ne pas le savoir, mais on ne peut pas sortir avec une personne sans être son amant, ni avec une jeune fille sans être son fiancé. C'est un peu exaspérant. »

À choisir, Saint-Louis du Sénégal finit par l'emporter dans le cœur de Saint-Exupéry. D'abord parce qu'elle s'offre au pilote après une étape, la plus longue du parcours quand on vient de Port-Étienne : plus de 600 kilomètres avec, à l'arrivée, le survol du superbe Banc d'Arguin, connu pour le naufrage qui a inspiré Géricault pour son tableau *Le Radeau de la Méduse*. Saint-Louis, c'est aussi et évidemment, près du célèbre pont Faidherbe, l'excellent hôtel de la Poste où Saint-Exupéry et ses camarades ont leur rond de serviette, ses dancings, sa vie de capitale animée du Sénégal – elle a été historiquement la première colonie française et ce dès 1659… Un hôtel, tenu par des amis saint-louisiens, où je suis allé de nombreuses fois avec mon frère Olivier, où nous avons écrit l'histoire de l'Aéropostale, *Courriers de nuit*, et où nous nous sommes régulièrement disputés pour savoir qui, de lui ou de moi, habiterait cette nuit-là la chambre de Mermoz ou celle de Saint-Exupéry…

A LINHA RAPIDA E SEGURA
CORREIO AEREO
-PASSAGEIROS-
Europa-Brasil-Uruguay
Argentina-Paraguay-Chile
SEDE:
RIO DE JANEIRO-Av. RIO BRANCO, 50
AG
AEROPOSTALE

BRÉSIL

Tonio le latino ! Directeur de l'Aeroposta Argentina entre 1929 et 1931, vivant à Buenos Aires, il épouse Consuelo. Avec l'Afrique, l'Amérique latine est son continent de prédilection. Mais avant même l'Argentine, c'est le Brésil, et Florianópolis, une de ses escales, point de passage entre Rio et Buenos Aires, qui semble retenir toute son attention. Florianópolis, capitale de l'État de Santa Catarina, ravitaille les pilotes de l'Aéropostale grâce à la colline aux lampions, Morro do Lampião, transformée en terrain d'aviation par le pilote Paul Vachet, qui l'a achetée et équipée dans ce but. En ville, il se lie avec Deca Manoel Inácio, un pêcheur, et sous le nom de Zeperri, y fait de nombreux séjours, n'hésitant jamais, grâce aux lumières installées par les pêcheurs locaux, à y atterrir de nuit.

Au-delà de tous ces endroits de rêve, il est une île magnifique qui, pendant longtemps, fut la tête de pont de l'Aéropostale en Amérique du Sud : Fernando de Noronha. Aux tout débuts de la Ligne, en effet, il était impossible aux avions de franchir la distance séparant le Sénégal du Brésil. Or, à 500 kilomètres de Recife, l'île était idéalement située pour éviter les pannes de carburant. Un aviso y croisait pour ravitailler les moteurs trop gourmands.

Au cours de mon long pèlerinage sur les traces de Saint-Exupéry, je me suis arrêté quelques jours sur cette île bénie des dieux. Par souci écologique, les autorités limitent le nombre de touristes admis à débarquer et restreignent, à certaines heures, l'accès aux plages. Résultat : une faune et une flore très protégée, et un paysage de toute beauté.

Page de gauche : Affiche publicitaire pour les liaisons vers l'Amérique du Sud de l'Aéropostale (compagnie française de transports aériens fondée en 1913 par Pierre Latécoère et visant le transport du courrier), années 1930.

Cabine de l'avion
de Saint-Ex en 1931.

20

ARGENTINE

Buenos Aires lui a donné Consuelo, un soir de réception à l'Alliance française, en septembre 1930. Nous y reviendrons. Son amoureuse lui fait découvrir un peu mieux cette ville. Saint-Exupéry, à force d'y faire des escales, s'est mis à aimer la capitale argentine, ses nuits, ses restaurants, ses fêtes, ses femmes, de bonne ou mauvaise vie. Alors que les premiers jugements du pilote étaient plus réservés : « Ce n'est pas drôle d'habiter à Buenos Aires, c'est une ville lugubre, on dirait un gros pâté mal cuit. Des rues étroites, des gens tristes et pas un endroit où se promener. Les architectes ont mis du génie à supprimer toute perspective », il va finir par l'apprivoiser.

Le 12 octobre 1929, en plein printemps austral, il y prend d'ailleurs son poste. Il découvre les sorties dans les restaurants populaires, les dancings et le tango de Carlos Gardel. Lequel, né à Toulouse en 1890, émigré à Buenos Aires à l'âge de 2 ans, impressionne Tonio par son talent. Un étrange destin qui se conclura par la mort tragique du musicien à bord d'un avion en 1935…

Mais le grand bonheur d'Antoine pendant ce séjour argentin se nomme Patagonie. La Patagonie, une région qu'il aime par-dessus tout. Il lui arrive de faire la route dans la journée, volant vingt heures d'affilée, ne s'arrêtant que pour le carburant, somnolant, écrivant quelques pages de *Vol de nuit* – un manuscrit qui ne le quitte pas – en survolant les Andes, les montagnes enneigées et les villages de la Pampa. La vraie beauté de l'Argentine est bien patagonne, ces déserts verdâtres, balayés par des vents incessants.

De surprise en émerveillement, Antoine établit plus de vingt aérodromes sur la route de la Terre de Feu et crée la Ligne, de Comodoro Rivadavia jusqu'à Punta Arenas, le point le plus méridional. Deux mille quatre cents kilomètres de longueur. Un trajet extraordinaire et qui ne se donne pas facilement : le froid oblige à mettre de l'alcool et de la glycérine dans les radiateurs des appareils pour qu'ils ne gèlent pas, et les vents, qui dépassent les 150 kilomètres-heure,

Ci-contre :
(De gauche à droite)
Étienne, Mermoz
et Guillaumet
à Rio de Janeiro.

font voler les pierres, empêchent les avions de sortir des hangars. Après deux mois à construire la route, le 1er avril 1930, le premier courrier patagon, dans sa formule hebdomadaire, est lancé. Roi de la Patagonie, Saint-Exupéry vivra en Argentine des heures exaltantes.

Tout comme ses camarades de l'Aéropostale qui se partagent le magnifique continent latino-américain, suite à un découpage voulu par Mermoz qui, le premier, a parcouru cet empire et en a marqué les limites : Guillaumet aura la ligne Buenos Aires-Santiago et donc le Chili, Reine hérite du Paraguay, Étienne du Brésil. Car l'Amérique latine, c'est aussi, pour Antoine, ce moment où tous sont réunis, où tous les héros et amis de l'Aéropostale vivent une même aventure.

Ci-dessus :
Saint-Exupéry sur un âne en Argentine, 1930.

Ci-contre :
Avec son ami Guillaumet au Luna Park, Argentine, 1930.

Double page suivante :
Affiche publicitaire de la branche argentine de l'Aéropostale.

AEROPOSTA ARGE
BUENOS AIRES

NTINA
LINEA AEREA
BUENOS AIRES
RIO GRANDE (TIERRA DEL FUEGO)
LA LINEA MAS AUSTRAL DEL MUNDO
21-B1
2B4
2A2

Photographie du mariage de Antoine de Saint-Exupéry et Consuelo.

21

CONSUELO

J'ai eu la chance de bien connaître Consuelo de Saint-Exupéry pendant les vingt dernières années de sa vie. Ma grand-mère Gabrielle, dite Yella, était l'une de ses meilleures amies et chaque fois que j'allais lui rendre visite, à Nice puis à Monaco, nous allions voir Consuelo, qui, elle, vivait à Grasse.

Elle m'appelait son Petit Prince. Je ne devais pas être le seul mais, à 12 ans, ça flatte un garçon qui va entrer dans les âges incertains de l'adolescence. Elle m'a envoyé maintes cartes postales à ce nom ; elle les signait d'un joli dessin où un petit blondinet bouclé – comme moi à l'époque – laissait flotter une longue écharpe verte. Quelle fierté pour un enfant de se voir comparer à un tel mythe…

Ma grand-mère l'appelait « mon petit oiseau des îles » mais la légende parisienne, lorsqu'elle arriva dans la Ville lumière à la fin des années 1920, la surnomma « le petit volcan des îles »… De fait, quand elle pénétrait dans les salons aux côtés de son mari, l'écrivain guatémaltèque Enrique Gómez Carrillo, elle faisait forte impression. Elle avait épuisé un premier époux, Cardenas, lieutenant de l'armée salvadorienne, mort au cours d'une insurrection, et son seul nom, Consuelo Suncín-Sandoval, faisait déjà tourner les têtes.

Elle était née au tout début du siècle, un an après Antoine, et avait été élevée dans une riche famille du Salvador, État explosif s'il en est… Son nouveau mari va mourir à son tour d'une crise cardiaque dans les bras de Consuelo. Et la voilà libre, une fois de plus… Elle en profite pour se rendre en Argentine, à l'invitation du président de la République, et c'est là qu'elle rencontre Antoine de Saint-Exupéry à l'Alliance Française.

Nous sommes en 1930. Coup de foudre. Pour épater sa belle, Antoine lui propose d'aller voir le coucher de soleil sur le Río de la Plata… en avion. Et voilà toute la troupe à bord d'un Latécoère 28. Consuelo prend place sur le siège du copilote, les six autres passagers s'installent derrière. Ce sera son baptême de l'air, et quel baptême ! Saint-Exupéry multiplie les loopings, tout le monde est malade et le pilote en profite pour essayer de l'embrasser. Elle refuse, il menace alors de précipiter l'avion dans le Río et, ultime chantage, il lui propose de l'épouser. Il ne la connaît que depuis quelques heures…

C'est ainsi que tout démarre. Et le reste sera à l'avenant. À commencer par le mariage, repoussé à l'ultime seconde par Antoine parce que sa mère n'est pas là ! Elle finira par arriver à Buenos Aires mais c'est alors Consuelo qui est déjà repartie à Paris… Le mariage n'aura finalement lieu que le 23 avril 1931 à Nice et la réception se déroulera au château d'Agay. La jeune mariée, en robe de dentelle noire, ne sera pas accueillie à bras ouverts par cette famille d'aristocrates. « Comtesse de cinéma ! » lâche devant elle la sœur aînée d'Antoine…

Ainsi va cet étrange couple, en apparence mal assorti, mais si utile à l'équilibre fragile d'Antoine de Saint-Exupéry. Il doit s'atteler à la rédaction de la fin de *Vol de nuit* puis faire face aux remous financiers qui commencent à secouer la belle aventure de l'Aéropostale. Ils vont donc beaucoup voyager, beaucoup errer. Et, assez vite, vivre dans des villes différentes. Elle commence à le tromper, il fera de même. Parfumée de *Vol de nuit*, la nouvelle fragrance dont Gallimard a cédé les droits du titre à Guerlain après l'obtention du prix Femina, elle va multiplier les conquêtes, et pas toujours discrètement. Il ne se prive pas en retour, jusqu'au début de sa longue liaison avec Nelly de Vogüé…

Il y aura bien des scènes de ménage entre eux mais le couple va tenir, au prix de déchirements interminables et de furieuses retrouvailles rue de Chanaleilles, puis place Vauban. Il court le monde, souvent aux commandes d'un avion, elle court les salons. En 1937, ils se séparent pour mieux se retrouver. Il a plusieurs accidents d'avion, en Libye, au Guatemala. Chaque fois, elle est là, à son chevet avant de s'envoler à nouveau comme un petit oiseau libéré de sa cage…

Ils ne savent pas vivre ensemble, ni chez eux ni à l'hôtel Lutetia. Ils déménagent beaucoup puis finissent par se quitter plus durablement lorsqu'il se résout à partir pour les États-Unis le 31 décembre 1940. Elle reste de son côté en Provence, à Oppède-le-Vieux où elle se rapproche intimement de l'architecte Bernard Zehrfuss. Au bout d'un an, elle se décidera enfin à rejoindre son mari à New York. Étrangement, il la loge à l'hôtel, et non chez lui. Très vite revient le temps des scènes.

Antoine, loin d'une France vaincue, se refusant à condamner Pétain et n'ayant pas fait le choix de rejoindre de Gaulle à Londres, est profondément dépressif. C'est pourtant à cette époque qu'il rédige *Flight to Arras*, dont Consuelo trouve le titre français : *Pilote de guerre*. Pour oublier sa profonde mélancolie, il court d'une aventure amoureuse à une autre, parfois sous les yeux de sa femme… Elle le rejoint à Montréal, où il est bloqué faute de visa pour les États-Unis, malade et malheureux.

De retour à New York, Antoine va se lancer dès 1942 dans la formidable aventure du *Petit Prince*, sans imaginer un instant son destin universel. Consuelo lui loue une maison à Northport, vite rebaptisée par elle-même la « Maison du Petit Prince ». Il s'en évade souvent pour quelques escapades sentimentales… Finalement, ils décident d'emménager tous les deux au bord de l'Hudson dans l'immense appartement que leur loue Greta Garbo. Ils y reçoivent Jean Gabin et Marlène Dietrich. *Le Petit Prince* continue d'y pousser tout doucement à l'ombre de la rose en laquelle il n'est pas difficile de reconnaître Consuelo…

Mais, une fois de plus, il sera dit que ces deux-là ne peuvent pas cohabiter bien longtemps. En avril 1943, Antoine décide de quitter New York pour s'engager en Europe. Il y laisse deux femmes qui l'aiment chacune à sa manière, Sylvia Hamilton, son dernier amour – à qui il lègue son appareil photo et surtout la version manuscrite du *Petit Prince* –, et bien sûr Consuelo. La première va lui offrir un bracelet d'identité en or, la seconde lui donne la fameuse gourmette qu'on retrouvera cinquante-cinq ans plus tard au large de Marseille. Les deux époux ne se reverront plus jamais…

Ils s'écrivirent très souvent pendant les quinze derniers mois de la vie d'Antoine. La séparation leur pèse, en dépit des apparences et des gesticulations mondaines. Saint-Exupéry s'ennuie à Alger où il rédige *Citadelle* et, pour vaincre sa mélancolie, il continue à s'éparpiller amoureusement. Ses missions aériennes vont le réveiller. La deuxième partie du mois de juillet 1944 est fébrile. Il lui faut absolument prouver qu'il peut encore voler. Las, le 31 juillet, il ne reviendra pas de son ultime vol. Il n'aura pas le temps de lire les derniers mots de son petit oiseau des îles, arrivés après sa disparition :

Vous, mon cher amour, je vous en prie, ne vous cassez rien !

Ci-contre : Consuelo de Saint-Exupéry entre ma grand-mère (à droite) et la femme de Raymond Comboul, cofondateur de *Nice-Matin*.

Quelques jours plus tard, dévastée par la nouvelle, elle aura ces mots bouleversants :

> *Seigneur à la couronne d'épines, arrache-moi le cœur pour qu'il ne me fasse plus mal. Tu sais, toi, que Tonio est tout pour moi. Sans lui, je ne suis rien.*

Consuelo finira par retourner à Paris en 1946, pour vivre dans l'appartement de la rue Barbet-de-Jouy qu'elle avait délaissé quand elle était partie à Oppède-le-Vieux. C'est là qu'elle publie précisément *Oppède*, sans la préface que lui avait promise son mari. L'année suivante, à la suite d'un procès éprouvant, elle devra abandonner le droit moral de son mari et partager avec sa belle-famille tous les droits des livres de Saint-Exupéry.

Elle se retire donc à Grasse, là où je lui ai souvent rendu visite avec ma grand-mère, là où elle me dédicaça un exemplaire de *Vol de nuit,* et décide de léguer tous ses biens et ses droits à son fidèle secrétaire, José Martinez-Fructuoso. Elle s'y éteindra en mai 1979 et sera enterrée au Père-Lachaise près de son ancien mari, Enrique Gómez Carrillo. Antoine n'avait pas de tombeau à lui offrir…

Saint-Ex photographiant l'avion
Latécoère-28 au bord duquel
il demanda en mariage Consuelo.

Henri Guillaumet (à gauche) et Antoine de Saint-Exupéry en 1939 préparant le vol transatlantique à bord du Lieutenant de Vaisseau Paris à Biscarrosse.

HENRI GUILLAUMET

Né à Bouy le 29 mai 1902 en pleine Champagne crayeuse, quelque part entre Reims et Bar-le-Duc, Henri Guillaumet est l'enfant de paysans plus que modestes. Sa mère meurt quand il a 2 ans. Le hasard géographique fait que non loin de son village un aviateur de génie, Henri Farman, vient d'installer un hangar sur un terrain plat pour faire voler des machines en bois et en toile, lestées des fameux moteurs Antoinette. Guillaumet a 6 ans quand Farman, à bord de son Voisin-Farman I, effectue un vol de près d'un kilomètre en circuit fermé.

C'est à Orly, l'école de Charles Nungesser, qu'il va faire ses premiers pas, avec pour maître ce héros invraisemblable, familier d'innombrables acrobaties. Breveté le 15 octobre 1921, Guillaumet sait que le ciel s'offre désormais à lui. À Thionville, il trouve à la fois un emploi comme pilote de chasse et une équipe d'aviateurs hors pair. Jean Mermoz est l'un d'entre eux. Quelques années plus tard, c'est le même Mermoz qui le convainc de rejoindre l'Aéropostale et qui le présente à Daurat. Dès 1926, il s'illustre brillamment, notamment lorsque, chef de la ligne Casablanca-Dakar, il libère plusieurs des pilotes de l'Aéropostale des mains des Maures qui faisaient régner la terreur dans le désert. Il reçoit à 25 ans la Légion d'honneur, fait exceptionnel en temps de paix.

Ci-contre : Les ateliers de Farman dans les hangars d'aviation du camp de Chalons, sur la commune de Bouy.

De tous les pilotes dont Saint-Exupéry est proche, c'est avec Guillaumet, certainement, que la complicité est la plus intense. L'écrivain lui fait la surprise de lui dédier *Terre des hommes*, dont il lui remet un exemplaire avec une bouteille de champagne pour fêter leur amitié. Marcel Migeo, un ami proche de mes parents, rémois comme eux, nous racontait combien l'annonce de la disparition de l'avion de Guillaumet au-dessus des Andes avait bouleversé Tonio. Comment il avait survolé la cordillère des Andes, des heures durant, à une altitude si basse, si caractéristique de la manière de piloter de Saint-Exupéry, un signe qui l'avait fait reconnaître de Guillaumet. Cette « disparition », dont la conclusion sera heureuse, scellera un peu plus fortement encore leur amitié.

Le 13 juin 1930, on annonce à Saint-Ex qu'on est sans nouvelles de son ami Guillaumet. C'était sa quatre-vingt-seizième traversée... Cinq jours durant, jusqu'au 18 juin, Tonio parcourt avec son avion la zone que devait avoir survolée son ami. Il cherche dans chaque vallée glaciale, sur chaque arpent de neige, un témoignage du passage d'Henri : des paysages hostiles, glacés, muets.

Ci-contre :
Henri Guillaumet et Antoine de Saint-Exupéry devant un Latécoère 28 de l'Aéropostale, mis en service en 1929.

Ci-dessus:
Dépannage du Potez 25 d'Henri Guillaumet (1902-1940), tombé dans la cordillière des Andes, à Laguna del Diamante (3280 mètres d'altitude), en 1930.

Le temps s'est arrêté, la vie s'est interrompue dans ce chaos de pierres aux arêtes coupantes. Les douaniers locaux sont pessimistes. Personne ne peut traverser les Andes. Les contrebandiers eux-mêmes, pourtant familiers de la région, se défilent. Trop dangereux ! L'armée renonce à ses recherches. Si l'accident a eu lieu et même si Guillaumet n'est pas mort sur le coup, il l'est nécessairement aujourd'hui. Mais alors qu'il est à Mendoza, Tonio apprend l'incroyable nouvelle. Guillaumet a été retrouvé. Vivant ! Titubant, le visage tuméfié, chaussures fendues, manteau déchiré, regard mort, membres quasi paralysés… Retrouvé par un jeune berger, Juan Garcia, dont nous allons reparler.

L'amitié entre Saint-Exupéry et Guillaumet ne cessera jamais. L'écrivain choisit son ami comme parrain lors de la remise de ses insignes d'officier de la Légion d'honneur en janvier 1939. Quelques mois plus tard, ils tentent à bord d'un magnifique hydravion, *Le Lieutenant de Vaisseau Paris*, de rejoindre New York et de battre le record de la traversée de l'Atlantique nord. En octobre 1940, c'est à Marseille que les deux hommes se retrouvent pour la dernière fois. Quelques semaines plus tard, le 27 novembre 1940, Saint-Exupéry apprend la disparition en Méditerranée de Guillaumet. Henri a 38 ans et doit se rendre pour Air France de Marseille à Beyrouth en passant par Tunis, un vol de routine, en compagnie de plusieurs camarades, dont Marcel Reine. Il s'agit de conduire vers la Syrie Jean Chiappe, le nouveau haut-commissaire de la France au Levant. Pris dans une bataille entre torpilleurs italiens et porte-avions britanniques, le quadrimoteur s'abîme en mer. Cette fois, il n'y a rien à faire. Daurat, avare de compliments comme à son habitude, avoue, les yeux un peu chavirés : « Je n'en ai pas connu de plus grand. » Saint-Exupéry écrit :

Ci-dessus: Le porte-avions anglais HMS « Ark Royal » coulé à l'est de Gibraltar, le 14 Novembre 1941 après avoir été torpillé par l'U-81 (K.L. Friedrich Guggenberger).

1

2

1 : Licence de pilote de Guillaumet.

2 : Le crash de l'avion de Guillaumet n'empêcha pas à cette lettre d'être délivrée à son destinataire. Seule référence à l'accident, la mention « retard du service ».

Guillaumet est mort. Il me semble ce soir que je n'ai plus d'amis. Je ne le plains pas : je n'ai jamais su plaindre les morts. Mais sa disparition, il va me falloir si longtemps pour l'apprendre, et je suis déjà lourd de cet affreux travail. Cela va durer des mois et des mois. J'aurai si souvent besoin de lui… On vieillit donc si vite ? Je n'ai plus un seul camarade au monde, à qui dire : « Te rappelles-tu ? »… Je croyais que cela n'arrivait qu'aux très vieilles gens d'avoir semé sur leur chemin tous leurs amis, tous.

23

JUAN GARCIA

Là où il est, Antoine de Saint-Exupéry serait peut-être surpris de trouver Juan Gualberto Garcia, devenu don Juan Garcia, dans ce cartable aux souvenirs si vivaces et pour la plupart si brillants. Il a pourtant croisé Juan en une circonstance inoubliable.

Ce jeudi 19 juin 1930 au pied de la cordillère des Andes, ce jeune berger qui part à l'aube retrouver son père à la chasse a une vision qui le glace : celle d'un abominable homme des neiges en train de dévaler la montagne en titubant. Nous sommes au cœur de l'hiver austral, jamais un être humain ne s'est aventuré pareillement dans la cordillère. Affolé, le jeune homme court chez sa mère, la réveille et l'incite à regarder à son tour les flancs enneigés. C'est bien une silhouette humaine qui s'avance. Prudemment, la paysanne et son fils s'approchent. Ils découvrent un homme, ou plutôt une loque, qui s'effondre à leurs pieds. Ils le portent dans leur pauvre cabane, le réchauffent, le soignent : ils viennent de sauver Henri Guillaumet, huit jours après son atterrissage en catastrophe près d'un lac glacé.

La suite, on la connaît : les secours sont alertés et Saint-Exupéry, l'ami intime, prévenu. Il est en train de déjeuner à 200 kilomètres de là, à Mendoza, il saute dans un coucou, se pose à la diable sur la route près de l'ambulance et se jette dans les bras de Guillaumet qui lui murmure dans un souffle : « Ce que j'ai fait, je te le jure, aucune bête ne l'aurait fait. »

Pendant dix ans, l'aviateur et son sauveur se sont écrit, jusqu'à la mort de Guillaumet, le 29 novembre 1940. Puis Juan Garcia retomba dans l'anonymat, et dans la misère. Jusqu'à ce qu'un de mes confrères argentins, avec lequel j'étais en relation, ait la bonne idée d'écrire un article sur sa singulière aventure. L'enquête d'Alberto Piatelli attira l'attention de Frédéric d'Agay, ayant droit de la succession de Saint-Exupéry, qui s'envola pour Mendoza afin de rencontrer Juan Garcia. Nous étions en 1999. Alerté, Jacques Chirac souhaita lui remettre la Légion d'honneur et, pour ce faire, l'invita au Salon du Bourget en juin 2011, soixante et un ans après ce sauvetage mémorable !

Page de gauche : Retrouvailles de Saint-Ex et Guillaumet après le sauvetage miraculeux de celui-ci dans la cordillère des Andes.

Quelque temps tard plus tard, je m'envolai à mon tour pour rencontrer notre berger chez lui, à Mendoza, où il vivait dans un quasi-bidonville. Il me reçut avec une hospitalité princière, il était si fier de sa Légion d'honneur épinglée sur son poncho. Ensemble, et avec Jean-Michel Turpin, le photographe du *Figaro Magazine* pour lequel j'effectuais ce reportage, nous partîmes jusqu'aux rives de la Laguna del Diamante, ce lac bleu azur que je pouvais enfin découvrir dans sa majesté. Nous étions alors pendant l'été austral. À l'endroit précis où Henri Guillaumet s'était écrasé avec son avion, et où un monument commémore désormais cette extraordinaire aventure, je me suis jeté dans les eaux de ce lac si pur, à quelques kilomètres de la frontière chilienne. Juan Gualberto Garcia me regardait en riant. Il ne lui serait pas venu à l'idée de se baigner dans des eaux à dix degrés !

Nous eûmes des échanges magnifiques autour d'un feu de camp puis nous le raccompagnâmes dans son quartier, où on le jalousait quelque peu. Sa brusque notoriété déclenchait des envies, ainsi le veut la nature humaine.

Le 14 décembre 2011, soixante-dix ans après son sauvetage et dix ans après sa Légion d'honneur, celui qu'on appelait désormais Don Juan Garcia s'éteignait à Mendoza, à deux pas de son lieu de naissance. Il avait 95 ans.

Ci-dessous:
Juan Garcia, qui arbore son chapeau et sa Légion d'honneur, m'accompagne le long de la Laguna del Diamante, là où Guillaumet se posa en urgence en 1930. Le lac était alors gelé et ses rives enneigées.

Juan Garcia, le berger argentin qui sauva Henri Guillaumet après son crash dans la cordillère des Andes, ici en 2002.

C'est avec cet exemplaire de *Vol de nuit* que Consuelo m'a fait connaître l'œuvre de son mari. Plus tard, c'est le nom que j'ai donné à mon émission littéraire sur TF1 (1998-2008).

VOL DE NUIT

Ce roman connaîtra, du vivant de Saint-Exupéry, un très grand succès. André Gide qui a lu le manuscrit en avril 1931 se propose de le préfacer. Les librairies se l'arrachent, les traductions en allemand et en anglais assurent la réputation de l'auteur au-delà de ses frontières et le prix Femina – faute du prix Goncourt, espéré par l'auteur – couronne son deuxième texte paru en 1931 chez Gallimard.

Né en quelque sorte de l'ennui et de la solitude éprouvés à Cap Juby comme de l'expérience du désert, le livre, écrit entre 1929 et 1930 en Argentine, est une ode à la fraternité. Mais aussi à l'autorité du chef qui, tout en étant responsable des hommes qu'il commande et avec qui il partage le danger de la mission, reste à bonne distance. Dédié à Didier Daurat, le chef de l'Aéropostale, il doit son inspiration à cette exceptionnelle épopée. Et à la partie latino-américaine de la propre carrière de Saint-Exupéry comme chef d'aéroplace, basé en Argentine mais coordonnant tous les vols vers le Paraguay, le Chili, la Terre de Feu.

C'est à travers le portrait de Fabien, dont la mission consiste à rapporter à Buenos Aires le courrier de Patagonie, que l'on devine Saint-Exupéry. Un pilote qui, par ordre de son chef, Rivière, doit, malgré le danger que présente l'exercice, voler de nuit alors même qu'un terrible orage s'abat sur le trajet. En quelques heures, le drame se dessine et touche autant Rivière que l'épouse de Fabien. Le jeune pilote a dû, pour trouver une météo plus clémente, détourner son avion et s'est trouvé assez vite sans carburant. C'est dans l'océan que se termine le roman. Comme s'achèvera la vie de son auteur.

Daurat est facile à retrouver dans la figure de Rivière. Chef inflexible, dur, qui pense que le sacrifice pour l'œuvre commune et le sens du devoir qualifient l'homme. « Aimez ceux que vous commandez. Mais sans le leur dire, rappelle-t-il. Ces hommes-là sont heureux, parce qu'ils aiment ce qu'ils font, et ils l'aiment parce que je suis dur. » Sa foi est placée dans l'obéissance, dans le respect strict du règlement, fût-il invraisemblable, inhumain. Un culte « semblable aux rites d'une religion qui semblent absurdes mais façonnent

Ci-dessus : Affiche du film *Vol de nuit* (*Night Flight*) de Clarence Brown avec Clark Gable, Helen Hayes, John Barrymore, 1933.

Ci-contre : photographie du tournage de l'adaptation cinématographique de *Vol de nuit*, avec Clark Gable (mains sur les hanches) dans le rôle principal.

les hommes ». Mystique du devoir. Celle d'une entreprise où tout doit être prévu, vérifié, calculé, où l'on ne peut rien transiger, négocier. Rivière s'interroge sur les limites à ne pas franchir, mais repousse l'argument de l'humanité : « Suis-je juste ou injuste ? Je l'ignore. Si je frappe, les pannes diminuent. Le responsable, ce n'est pas l'homme, c'est comme une puissance obscure que l'on ne touche jamais, si l'on ne touche pas tout le monde. Si j'étais très juste, un vol de nuit serait à chaque fois une chance de mort. »

Le roman fut adapté au cinéma deux ans après sa publication. Le film *Vol de nuit* prolongera son succès. Avec Clark Gable dans le rôle principal, il restera une dizaine d'années sur les écrans parisiens et, vingt ans plus tard, le texte devient l'une des meilleures ventes – et le troisième titre – de la révolutionnaire et nouvelle collection du Livre de Poche.

André Gide (1869-1951) à l'aéroport du Bourget devant l'avion allemand qui le transportera à Berlin puis à Moscou, le 16 juin 1936.

25

ANDRÉ GIDE

Saint-Exupéry doit à la cousine de sa mère, Yvonne de Lestrange, la rencontre avec le grand écrivain. Dans son salon, on croise Marc Allégret, Jean Prévost, Jacques Rivière. Gide ne répond pas à l'envoi d'une nouvelle, « Manon, danseuse », qu'Antoine veut publier des années durant alors qu'il est inconnu des maisons d'édition. Il attendra que Jean Prévost et Adrienne Monnier, qui éditent la revue *Le Navire d'Argent*, publient sa première nouvelle « L'Aviateur », pour se faire connaître. Dans le onzième et ultime numéro, où l'on trouve aussi des textes de Giraudoux, Cendrars, Rilke… apparaît pour la première fois la figure du très mélancolique Jacques Bernis qui n'est heureux que dans les airs.

Même si Saint-Exupéry n'éprouve que peu de passion pour l'écrivain Gide, qu'il trouve hors du temps et aussi moralisateur qu'hypocrite (« Je suis sûr que Gide pissait aussi aux colonies »), il respecte l'homme. Tous deux se retrouvent également à Agay, sur la Côte d'Azur, en 1931. Gide commente leurs retrouvailles dans un hôtel, après la lecture de *Vol de nuit* par son auteur, et consigne ce moment dans son journal : « Grand plaisir à revoir Saint-Exupéry à Agay. En France depuis un mois à peine, il a rapporté de l'Argentine un nouveau livre et une fiancée. Lu l'un, vu l'autre. L'ai beaucoup félicité ; mais du livre surtout. » Gide en effet ne semble pas vraiment conquis par Consuelo. Il ne sera d'ailleurs pas le seul des amis d'Antoine dans ce cas. Mais il reconnaît le talent de l'auteur, préface l'ouvrage et d'une certaine manière, rapporté à l'autorité qu'il exerce sur le monde des lettres, consacre l'écrivain Saint-Exupéry.

Portrait de l'écrivain à sa table de travail.

26

SES CARNETS

Antoine ne cessait jamais d'écrire. Plus ou moins tranquillement, mais avec une fidélité à ses « carnets » où, de 1935 à 1940, il prend des notes, rédige observations et réflexions. Pas d'éléments biographiques, rien ou presque n'est lié à son quotidien. Une littérature stricte, rigoureuse, à l'opposé du journal intime qu'il développe en quelque sorte à travers son abondante correspondance. Presque janséniste. Abstraction et universalité. Des remarques sur l'économie, la philosophie, la société, la politique. Et Dieu : « Je suis épouvanté de la difficulté à faire dériver l'autorité d'autre chose que de Dieu. On ensemence par le haut. » Cinq carnets au total, avec plusieurs centaines d'entrées. Et en bas de trois d'entre eux, des adresses.

Il tient tant à ces textes que le premier carnet porte un avertissement : « En cas de perte, prière rapporter contre forte récompense (200 francs) à Antoine de Saint-Exupéry, hôtel Lutetia, boulevard Raspail, Paris. » Et il va jusqu'à préciser : « En cas d'absence, prière au Lutetia d'acquitter cette récompense en versant ces deux cents francs pour moi. »

Pendant ces cinq ans, il aura toujours un carnet sur lui, écrivant en roulant, en volant. Exprimant la pensée libre et fragmentaire qui le rapproche de la manière dont Nietzsche compose avec le monde et le décrit avec concision et, parfois, mystère.

Main d'Antoine de Saint-Exupéry écrivant avec l'un de ses stylos.

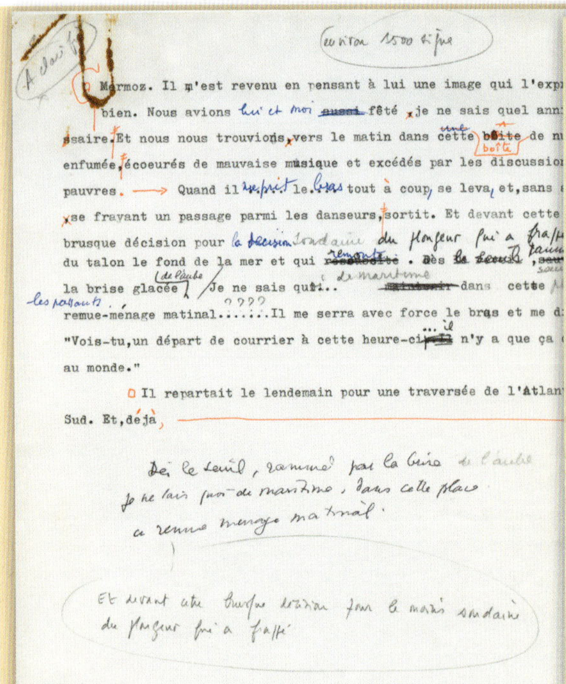

environ 1500 signes

Mermoz. Il m'est revenu en pensant à lui une image qui l'expr
bien. Nous avions lui et moi ~~aussi~~ fêté, je ne sais quel anni
ssaire. Et nous nous trouvions, vers le matin dans cette boîte de nu
enfumée, écoeurés de mauvaise musique et excédés par les discussion
pauvres. Quand il reprit le bras tout à coup, se leva et, sans
se frayant un passage parmi les danseurs, sortit. Et devant cette
brusque décision pour la décision soudaine du plongeur qui a frappé
du talon le fond de la mer et qui remonte. Dès le seuil
la brise glacée (de l'aube) Je ne sais quoi.. de maritime dans cette
remue-ménage matinal......Il me serra avec force le bras et me di
"Vois-tu, un départ de courrier à cette heure-ci il n'y a que ça
au monde."

Il repartait le lendemain pour une traversée de l'Atlan
Sud. Et, déjà,

Dès le seuil, ranimé par la brise de l'aube
je ne sais quoi de maritime, dans cette place
a remue-ménage matinal.

Et devant cette brusque décision pour le marin soudaine
du plongeur qui a frappé

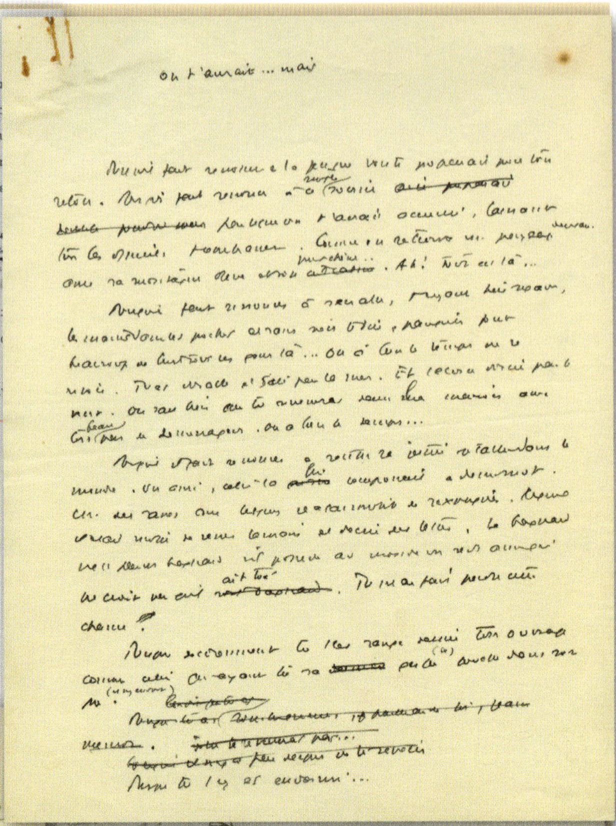

On l'aurait... mais

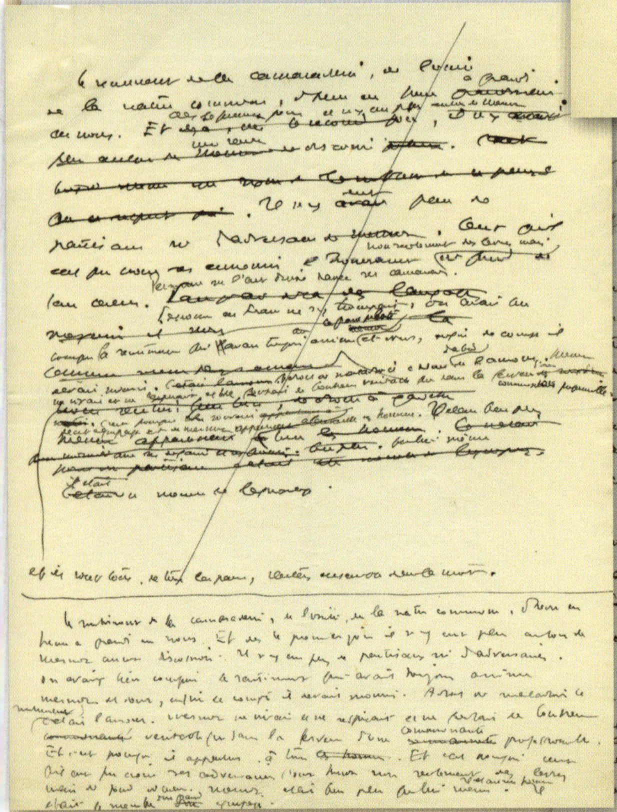

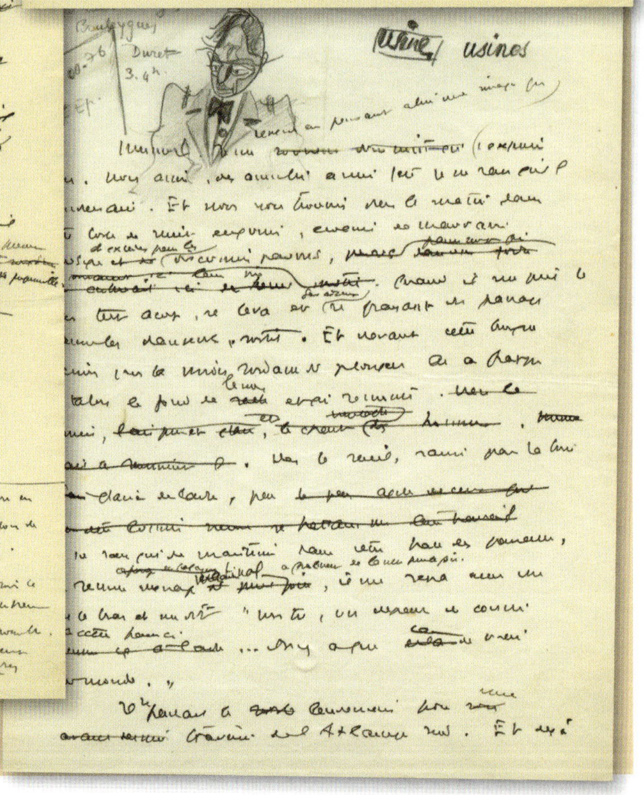

usines

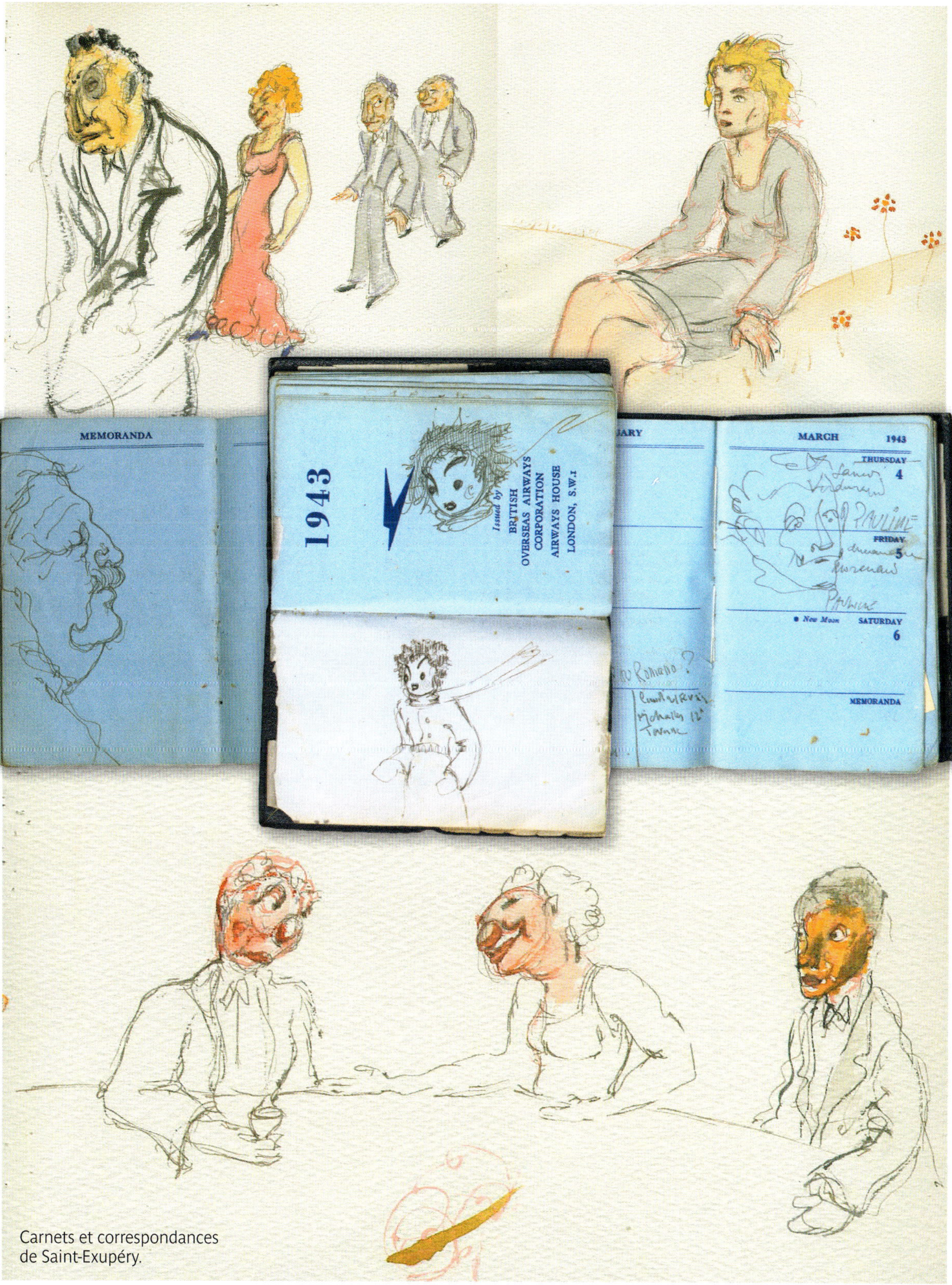

Carnets et correspondances
de Saint-Exupéry.

Louise Lévêque de Vilmorin (1902-1969),
le 27 août 1969 chez elle, à sa table de travail.

27

SES LETTRES

Les plus connues de ses lettres sont celles qu'il adresse à sa mère Marie entre 1910 et 1936 même si, après son mariage avec Consuelo en 1931, elles s'espacent. Il aime se faire plaindre, témoigner de son ennui, de son spleen, de sa permanente insatisfaction, quêter l'affection auprès de cette bonne mère aimante. Ses sœurs, son beau-frère, ses amis, certaines femmes plus que d'autres, comme Renée de Saussine, sont également destinataires de ses missives qui se feront d'autant plus nombreuses et régulières qu'à partir de 1926, il peut les expédier facilement. Qu'il soit à Toulouse, au Maroc, au Sénégal, en Argentine ou sur le tracé de la Ligne, des avions se chargent d'acheminer ses mots aux siens. On lira dans les lettres à Guillaumet – accompagnées de dessins qui préfigurent *le Petit Prince* – la souffrance que représente pour lui la disparition de l'Aéropostale, qui, bien plus qu'un employeur, était d'abord une mission au service des hommes afin de les relier par-delà les distances. De la même manière, on verra comment, entre 1929 et sa mort, Antoine tente de garder un lien avec Louise de Vilmorin qui, en rompant leurs fiançailles en 1923 – « fiançailles pour rire », disait elle , va lui causer un premier et grave chagrin.

Entre 1910 et 1944, Antoine écrit plus de deux cents lettres à sa mère. Cent quatre-vingt-cinq d'entre elles sont désormais conservées aux Archives nationales. Un premier volume paraîtra en 1954. Marie décède en 1972 et ne connaîtra pas les éditions suivantes, largement enrichies de lettres nouvelles. Elle établit et préface la première édition, résumant la vie de son fils ainsi : « Joies d'une enfance heureuse, joie d'un métier magnifique, des amitiés dures et magnifiques des pionniers de l'air : amitié d'un Mermoz, celle d'un Guillaumet. » Puis viennent les luttes : pour la vie matérielle, comptable dans une tuilerie à Paris, représentant des camions Saurer à Montluçon, luttes contre les éléments, la solitude, l'injustice, lutte contre le découragement. Pour finir, dit-elle, avec la « lutte suprême à Borgo, lutte avec la mort ».

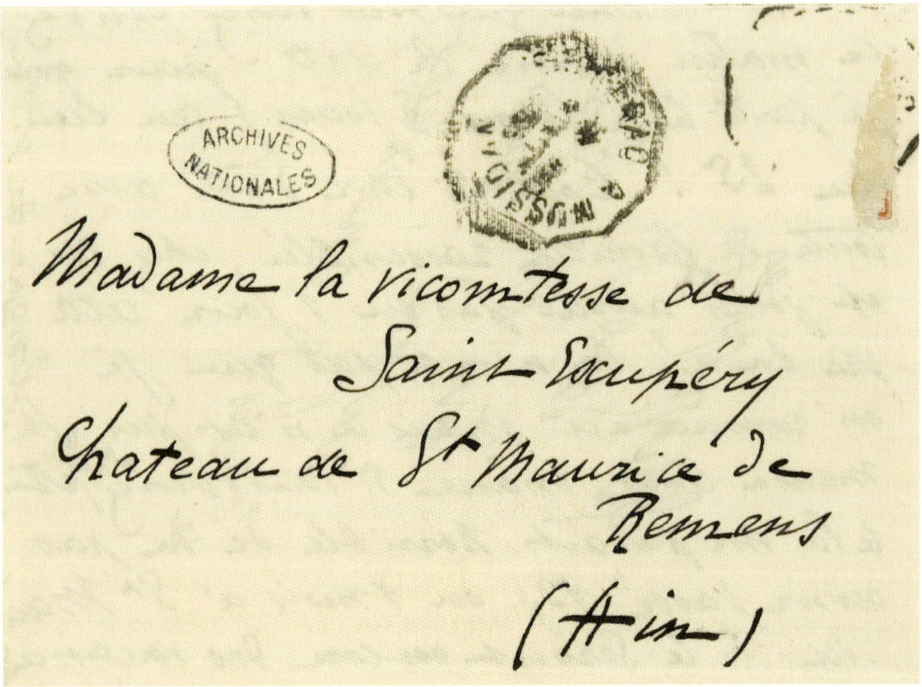
ARCHIVES NATIONALES

Madame la vicomtesse de
Saint-Exupéry
Chateau de St Maurice de
Remens
(Ain)

Ci-contre et page de gauche : Extrait de correspondance entre Antoine de Saint-Exupéry et sa mère Marie.

Ironie cruelle du courrier que Saint-Exupéry avait mis tant de soin à servir dans les meilleurs délais. En juillet 1945, parvient à Marie de Saint-Exupéry la dernière lettre de son fils, plus d'un an après son envoi. Datée de juillet 1944 et expédiée de Borgo, donc quelques heures avant sa disparition en mer, elle est bouleversante : « Ma petite maman, je voudrais tellement vous rassurer sur moi et que vous receviez ma lettre. Je vais très bien. Tout à fait. Mais je suis tellement triste de ne pas vous avoir revue depuis si longtemps. Et je suis inquiet pour vous, ma vieille petite maman chérie. Que cette époque est malheureuse. [...] Quand sera-t-il possible de dire qu'on les aime à ceux que l'on aime ? Maman, embrassez-moi comme je vous embrasse du fond de mon cœur. »

VILLA ST-JEAN

Fribourg, le 21 février 1916

Télégraphiez nous vite, dès que vous aurez reçu la lettre. Sans cela nous perdons votre dimanche, il nous faut la réponse vendredi soir au moins !

Maman chérie

François vient de recevoir votre lettre où vous dites que vous ne venez plus qu'au début de mars ! Nous qui étions si contents de vous voir samedi ! Pourquoi est-ce que vous retardez ? Cela nous aurait tant fait de plaisir ! Vous recevrez notre lettre jeudi, peut être vendredi, est-ce que vous pourrez nous télégraphier tout de suite que vous venez, vous partiriez samedi matin par l'express et vous arriveriez le soir à Fribourg, nous serions si contents ! Cela nous ferait tant de déception que vous retardiez jusqu'au début de mars ! Pourquoi aimez vous mieux venir plus tard ?

Nous espérons tant que vous viendrez ! Est-ce que, même si vous ne deviez pas venir, ce qui nous ferait tant de peine, vous pourriez nous télégraphier dès que vous aurez reçu notre lettre pour que nous ayons votre réponse au moins vendredi soir, pour

The Flamingo Room

Café Martin

1521 de la Montagne - Montreal

28

SES DESSINS

Sa mère lui a mis la main au pinceau et au crayon. Aquarelliste, elle a donné le goût du dessin à son fils. À Paris, étudiant, il suit, avec un peu de négligence, des cours aux Beaux-Arts. Plus tard, il prétend ne pas savoir dessiner, n'avoir rien à dire sur l'art… Il dessine presque machinalement. À tel point qu'il n'imagine pas que son travail pourrait être un jour édité. Pour lui, ce sont des esquisses, rien de plus.

C'est une amie peintre roumaine, rencontrée à New York, Hedda Sterne, qui le persuade, en voyant ses dessins, qu'il n'a pas besoin de chercher un illustrateur pour *Le Petit Prince* comme il en avait l'idée. Sa maîtresse, Sylvia Hamilton, est du même avis. Il songeait à Bernard Lamotte, son ami depuis les Beaux-Arts, qui avait déjà illustré *Pilote de guerre*. Lamotte vit à New York et commence les esquisses. Les éditeurs du conte pour enfants les trouvent trop réalistes. Saint-Exupéry leur donne raison et décide de s'y mettre. Il prend des modèles, le fils d'un ami philosophe, Denis de Rougemont, des animaux domestiques chers à ses amis, et même Latécoère (de mémoire) pour illustrer le businessman. C'est au cours de sa convalescence à Los Angeles qu'un autre exilé, le réalisateur René Clair, lui offre une boîte d'aquarelles. Et c'est à New York qu'un autre ami, Paul-Émile Victor, lui recommande de travailler avec ces crayons à l'aquarelle, bien plus pratiques pour un voyageur que la peinture à l'eau. Avec eux, il réalise l'alliance du texte et des images que même Victor Hugo, qui pourtant excellait dans le dessin et la couleur, n'a jamais visée.

J'ai acquis le dessin ci-dessus lors d'une vente aux enchères. Daté de 1942, il figure au dos du menu du restaurant Le Flamingo à Montréal (page de gauche).

ÉTAT FRANÇAIS.

MINISTÈRE DE LA PRODUCTION INDUSTRIELLE ET DU TRAVAIL.

DIRECTION DE LA PROPRIÉTÉ INDUSTRIELLE.

BREVET D'INVENTION.

Gr. 12. — Cl. 3. **N° 870.607**

Nouvelle méthode de mesure par superposition de courbes symétriques, et application aux appareils indicateurs radiogoniométriques.

M. Antoine de SAINT-EXUPÉRY résidant en France (Seine).

Demandé le 24 juin 1939, à 10^{h} 55^{m}, à Paris.

Délivré le 22 décembre 1941. — Publié le 18 mars 1942.

[Brevet d'invention dont la délivrance a été ajournée en exécution de l'art. 11 § 7 de la loi du 5 juillet 1844 modifiée par la loi du 7 avril 1902.]

De nombreuses mesures sont basées sur l'observation d'un point singulier d'une courbe traduisant les variations d'un phénomène, ou sur l'observation de la coordonnée d'un tel point. Il s'agit, par exemple, d'observer la position du maximum d'une courbe tracée par un appareil enregistrant ou faisant apparaître de manière permanente les valeurs successives de la variable caractérisant le phénomène.

De tels appareils sont, par exemple, les oscillographes cathodiques ou autres, dans lesquels une trace lumineuse fixe apparaît sur un écran.

Lorsque le tracé de la courbe n'est pas régulier, et qu'il est altéré par des déformations dues à des influences parasites, souvent fortuites, introduisant des variations dans la réponse de l'appareil, la détermination d'un maximum (ou autre point particulier) peut devenir difficile.

La présente invention vise à réduire ou supprime ce genre de difficulté lorsqu'il s'agit d'un phénomène dont on sait que sa représentation est symétrique par rapport à un point ou à une coordonnée de la courbe. Tel est le cas par exemple, de certains phénomènes périodiques et harmoniques.

L'invention est basée sur le processus opératoire suivant, constituant des modes d'application de la méthode pour des cas particuliers, donné à titre d'exemple.

Soit S (fig. 1) la courbe considérée en coordonnées cartésiennes, à laquelle on associe, comme repère, une verticale D d'abscisse quelconque. On calque cette courbe, on retourne le calque, et on obtient ainsi (fig. 2) la courbe S′ et la droite D′, symétrique de la figure 1.

On fait glisser par transparence, sur l'axe des abscisses OX, l'une sous l'autre, les deux figures qui, par hypothèse, devraient être superposables puisque le phénomène est symétrique, jusqu'à la position de meilleure coïncidence des deux courbes (fig. 3), position que l'œil, malgré les imperfections du tracé, sait apprécier avec rigueur. On connaît maintenant l'abscisse de l'axe de symétrie M, donc celle du maximum : elle est équidistante des droits D et D′.

Un autre exemple se rapporte au cas d'une courbe tracée en coordonnées polaires. Soit S (fig. 4) la courbe considérée, dont on sait qu'elle est une représentation altérée d'une courbe symétrique par rapport au diamètre polaire passant par ses maxima. On établit la courbe S′ (fig. 5) symétrique de S par rapport à un diamètre

Prix du fascicule : 10 francs.

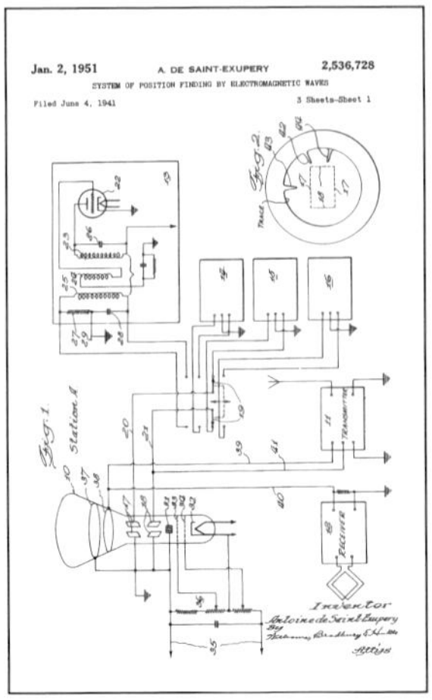

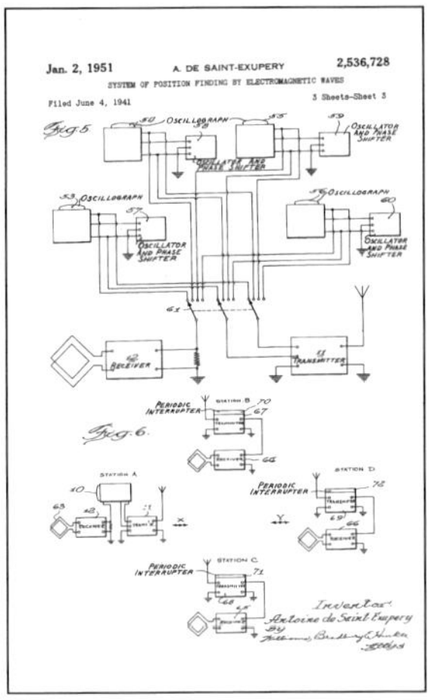

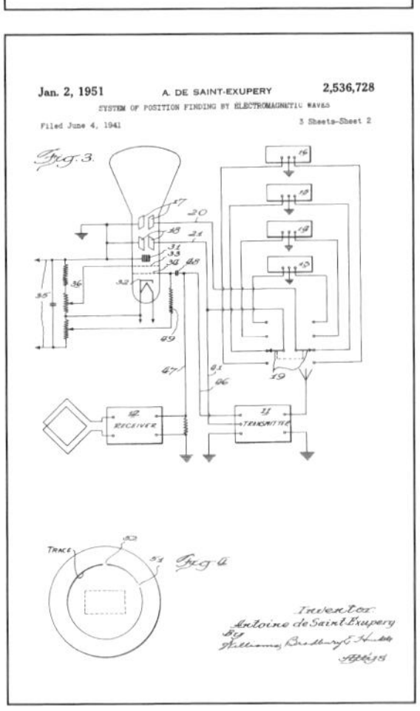

L'un des nombreux brevets d'invention déposés par Saint-Exupéry, ici pour une nouvelle méthode de mesure.

29

L'INVENTEUR

Saint-Exupéry accompagne l'aventure de l'aviation à ses presque débuts. Bien que souvent imprudent, distrait, et familier de la casse, il est obsédé, à la manière de Daurat et des héros de l'Aéropostale, par le fait de bien veiller aux hommes qui volent avec lui. Scientifique médiocre, mais doté d'une bonne formation en mécanique, passionné de géométrie et de sciences appliquées, il s'essaye alors à la technique. Et se met à déposer des brevets d'invention dans le domaine aéronautique. Quatorze au total ! Des inventions qui, faute d'application industrielle, ne servent à rien et ne lui rapporteront jamais un sou ! La première, en décembre 1934, concernait un système d'atterrissage, les autres la propulsion de fusées, le déclenchement des alarmes, la sécurité à bord ou la navigation nocturne.

Plus généralement, Saint-Exupéry aime la technique, les moteurs, la mécanique. Il a une passion, en plus de l'avion et de la voiture : le téléphone. Il appelle sans cesse, la nuit, ses amis pour leur lire des textes ou calmer ses angoisses. Et une autre machine prend de la place dans sa vie. Un dictaphone ! L'écriture de Tonio est en effet difficilement lisible. Nombreux sont ceux, comme Nelly de Vogüé en charge de décrypter le manuscrit de *Citadelle* et qui deviendra sa première biographe, à s'y être usé les yeux. Aux États-Unis, les maisons d'édition lui conseillent de passer au dictaphone, un appareil à la mode, ce qu'il fait bien volontiers.

Pour autant il n'est pas dupe de la tyrannie de la modernité. Dans *Lettre à un Américain*, qu'il offre en mai 1944 à son ami John Phillips, il se remémore son séjour américain, ses années New York. « *Voyez-vous, amis d'Amérique, il me semble que quelque chose de neuf est en formation sur notre planète. Les progrès matériels des temps modernes ont certes relié les hommes par une sorte de véritable système nerveux. Les liaisons sont innombrables. Les communications sont instantanées. Nous sommes matériellement unis comme les cellules d'un même corps. Mais ce corps n'a point encore d'âme. Cet organisme n'a pas pris encore conscience de soi…* »

Antoine de Saint-Exupéry et son mécanicien Prévost devant son avion F-ANRY Caudron 630 Simoun (F pour France et ANRY pour Antoine de Saint Exupéry), en 1935 à l'époque du raid Paris-Saigon.

30

L'AVIATEUR

C'est le titre de son premier texte publié : une nouvelle écrite pour la revue *Le Navire d'Argent*, grâce à l'entremise de son ami Jean Prévost. Le hasard voudra que les deux hommes disparaissent à quelques heures d'écart au cœur de l'été 1944.

Quel aviateur fut-il ? Courageux indéniablement mais peu discipliné, donc facilement casse-cou. Tout commença en 1921 pendant son service militaire à Strasbourg. Affecté au 2e régiment d'aviation, il se retrouva… à l'atelier de réparation. Il voulut donc passer son brevet de pilote et économisa sou à sou pour l'obtenir. Mais au bout de deux semaines, il n'avait volé que 80 minutes car son instructeur, selon ses dires, était toujours en retard. Il décida donc de monter tout seul à bord de l'avion-école. Pas de problème pour décoller mais comment atterrir ensuite ? Vertige : « Plus je regardais le sol, plus s'affirmait ma décision de ne jamais redescendre ». Voilà que l'avion prend feu. Antoine se pose en catastrophe. L'appareil est en piteux état, pourtant son pilote n'a que quelques bleus. « Vous, lui dit le commandant du camp, vous ne vous tuerez jamais dans l'aviation parce que ce serait déjà fait ! »

Sept ans plus tard, il veut cette fois passer son brevet de navigation aérienne de la marine. Il manque de peu de se noyer lors d'un atterrissage.

Sautons encore sept ans. Le 29 décembre 1935, il s'envole avec Prévost, son fidèle mécanicien, pour essayer de battre sur leur Caudron Simoun le record du Paris-Saigon – détenu par Japy en 87 heures. Ils vont finir par percuter le désert en pleine nuit après avoir essayé d'échapper à de très bas nuages entre la Libye et l'Égypte. Le miracle, c'est que l'avion, au lieu de s'écraser, glissera comme une luge sur les cailloux. Ils vont marcher pendant trois jours sans avoir la moindre idée de l'endroit où ils sont. Pas d'eau, des mirages qui commencent à se profiler à l'horizon, jusqu'à l'apparition d'une caravane, réelle cette fois.

Saint-Exupéry sera retrouvé le 2 janvier 1935 avec Prévost. Toute sa vie, il se plaindra de douleurs liées à son accident mais ça ne l'empêchera pas de continuer ses intrépides et périlleuses entreprises. Le 15 février 1938, il décolle de New York avec son Simoun fétiche pour accomplir le raid New York-Terre de Feu. L'aventure prend fin au Guatemala à la suite d'un décollage raté. On retrouvera les débris de l'appareil éparpillés sur 150 mètres. « Quand on m'a retiré de l'avion, j'étais le plus gros débris ! » Là encore fractures et commotion cérébrale.

Comment ce diable d'homme a-t-il pu continuer de voler malgré un corps devenu lourd et déglingué de partout ? C'est la question qui taraude tous ceux qui l'ont vu se glisser difficilement dans les cockpits jusqu'à son dernier vol le 31 juillet 1944 où, embarrassé par sa taille, ses fractures et son impressionnante combinaison, il s'installe aux commandes du Lightning P38 qui sera son tombeau.

Mais on ne saurait résumer ce formidable pilote à ses accidents. Il ne faut jamais oublier ses multiples missions au service de l'Aéropostale, au Maroc, en Mauritanie, au Sénégal et en Amérique du Sud. Ne pas oublier non plus sa magnifique chevauchée en juin 1930 lorsque, après avoir cherché en vain son ami Guillaumet perdu dans la cordillère des Andes, il apprend que, ô miracle, Henri est retrouvé. C'est sans doute en souvenir de ce merveilleux moment que les deux compères vont repartir en tandem le 7 juillet 1939 pour essayer de battre le record de traversée de l'Atlantique. On comprend mieux pourquoi tant de persévérance, malgré les blessures et les fractures, lui a valu de forcer l'admiration du général américain Ira C. Eaker qui lui autorisera cinq vols ultimes en 1944 – il a alors 44 ans et la limite permise pour voler est à l'époque de 30 ans. Il en fera quatre de plus et ne saura jamais que, de toute façon, il n'aurait pas eu le droit d'en faire un de plus que celui, tragique, du 31 juillet…

Ci-contre :
Après avoir tenté un raid Paris-Saigon Saint-Exupéry est obligé de poser en catastrophe son avion, un Caudron Simoun, dans le désert libyque, en Égypte, en décembre 1935.

Saint-Exupéry appuyé sur son Simoun-C635 en 1938.

Saint-Exupéry constate les dégâts subis par son avion après son atterrissage d'urgence au cours du raid Paris-Saigon.

3

TERRE DES HOMMES

Vol de nuit est paru en 1931. *Terre des hommes* en 1939. Huit années, c'est long. Entre-temps, Saint-Exupéry a vécu mille vies. Repris du service à l'Aéropostale, sur la ligne d'hydravions Marseille-Alger, puis à Casablanca. Il écrit dans la presse, intègre finalement Air France en 1934, fait des missions à Saigon, Moscou, ainsi qu'une série de conférences dans les grandes villes de la Méditerranée : Casablanca, Alger, Tunis, Tripoli, Benghazi, Le Caire, Alexandrie, Damas, Beyrouth, Istanbul, Athènes... En décembre 1935, en tentant de battre le record Paris-Saigon, son avion, on l'a dit, s'écrase dans le désert de Libye. En 1936, c'est en journaliste qu'il se rend sur le front catalan pour couvrir la guerre civile espagnole, c'est en ami et frère qu'il écrit ses textes en hommage à Mermoz, disparu à la fin de l'année. Puis ce seront les États-Unis en 1938 et la parution de *Terre des hommes* le 16 février 1939.

Ce livre est avant tout le résultat d'un virage de l'auteur qui, ne croyant plus à la fiction, revient au documentaire, à la chronique de l'époque. Au journalisme, pour *Les Nouvelles littéraires, L'Intransigeant, Marianne, Paris-Soir*, à l'occasion de reportages, dans le monde arabe, en Europe, en Union soviétique. *Terre des hommes* paraît d'abord en France puis, quelques semaines plus tard, aux États-Unis où réside Saint-Exupéry, et ce dans une version différente, plus longue.

Huit chapitres composent ce que Gide nomme « un bouquet de textes. » Le premier « La Ligne » retrace les débuts de l'aviation civile, des vols de nuit, des escales dans le désert. Le suivant, « Les camarades », est une galerie de portraits de ses amis de l'Aéropostale : Jean Mermoz, le grand pilote qui, dans un message, annonce un jour couper le moteur arrière droit et ne réapparaîtra jamais, Henri Guillaumet, à qui le livre est dédié et dont Saint-Exupéry décrit le sauvetage. D'autres chapitres, empreints d'une poésie magnifique, racontent les nuits passées à la belle étoile dans le désert, l'attraction du Sahara, la terre des hommes, les oasis et les hommes, ce qui les relie entre eux, ce qui les dépasse. L'amour par exemple : « Aimer, ce n'est point nous regarder l'un l'autre mais regarder ensemble dans la même direction. »

Grand Prix du roman de l'Académie française en 1939, vendu à près de 3 millions d'exemplaires, best-seller américain, le livre est parfois critiqué pour son pessimisme fondamental, celui d'un entre-deux-guerres dont les ambiguïtés, les malaises frappent un certain nombre de pays européens, au premier rang desquels la France. La boucherie de la Grande Guerre laisse encore des traces, les idéologies, tant fascistes que communistes, font horreur à Saint-Exupéry, tout comme le pacifisme à la mode dont il est un farouche adversaire. Mais, là encore, l'éloge de la fraternité, celui des pilotes entre eux, l'apologie de la camaraderie. Il raconte ainsi la légende de Guillaumet et son célèbre : « Ce que j'ai fait, je le jure, jamais aucune bête ne l'aurait fait. » Il commente : « Cette phrase, la plus noble que je connaisse, cette phrase qui situe l'homme, qui l'honore, qui rétablit les hiérarchies vraies. » Et il magnifie le sens de l'action de Mermoz et la manière dont il s'accomplit à travers l'exploit, fût-il en apparence absurde : « Si vous aviez objecté à Mermoz, quand il plongeait sur le versant chilien des Andes, avec sa victoire dans le cœur, qu'il se trompait, qu'une lettre de marchand ne valait pas le risque de sa vie, Mermoz eût ri de vous. La vérité, c'est l'homme qui naissait en lui quand il passait les Andes. »

Ci-contre :
Le Caudron Simoun du raid Paris-Saigon en Lybie.

TROISIEME EDITION

L'INTRANSIGEANT

Mercredi 12 Août 1936

AU 25e JOUR DE LA GUERRE CIVILE

ESPAGNE ensanglantée

A Barcelone. L'invisible frontière de la guerre civile

De notre envoyé spécial A. DE SAINT-EXUPERY

Déclarations officielles des insurgés du Nord

à notre envoyé spécial Emmanuel BOURCIER

IMPASSE DU MOULIN-VERT

« Je dormais, soudain un homme entra et me frappa à coups de hache »

AUX JEUX OLYMPIQUES

La journée des plongeons

Finale du relais 4×200 mètres de natation

Épreuves d'escrime et de football. Éliminatoires en hockey, basket-ball, aviron, boxe et gymnastique

LA BATAILLE DANS LA SIERRA

Un iman, ami du muphti, attaqué à Constantine à coups de revolver

LE YACHT SOUS LA RAFALE DES OBUS

Quand le « Comet » débarqua à Saint-Jean-de-Luz les victimes du drame de l'« Ombre bleue »

DE CADIX A TANGER, A TRAVERS LE SUD INSURGÉ

Au lieu d'une corrida, les habitants de la Linea eurent une furieuse bataille

Neutralité

TROISIEME EDITION

L'INTRANSIGEANT

Vendredi 14 Août 1936

ESPAGNE ENSANGLANTÉE

Une guerre civile, ce n'est point une guerre, mais une maladie

De notre envoyé spécial ANTOINE DE SAINT-EXUPERY

PREMIÈRE PHOTOGRAPHIE AUTHENTIQUE SUR LE DRAMATIQUE PROCÈS DES GÉNÉRAUX GODDED ET BURIEL, FUSILLÉS HIER A MONTJUICH

…s ministres délibèrent …l'Elysée

CETTE NUIT, AVENUE DE CLICHY

Un coup de feu partit d'une auto...

Sur le trottoir, un homme tombe, mortellement blessé

SUR LES PENTES DU HIDDEN PEAK

Sur le front

DE MADRID A SARAGOSSE, PAR LE CHEMIN DES ECOLIERS

La nuit de Montserrat

Politique sportive

Le nouveau Conseil de Régence de la Banque de France

AUX JEUX OLYMPIQUES

Nageurs, escrimeurs et joueurs

TROISIEME EDITION

L'INTRANSIGEANT

Dimanche 16 Août 1936

ESPAGNE ENSANGLANTÉE

A la recherche de la guerre...

Sur le front de Saragosse et de Huesca, dans l'attente possible de combats prochains

De notre envoyé spécial ANTOINE DE SAINT-EXUPERY

« Nous ferons sauter la ville »...

disent les défenseurs de Saint-Sébastien

où 700 otages attendent la mort

BADAJOZ EST TOMBÉE aux mains des insurgés

Un homme épuisé dans un canot

L'aviateur Detré qui a battu le record de France a-t-il battu le record mondial d'altitude ?

On vérifie les instruments de contrôle

DERNIERES EPREUVES AUX JEUX OLYMPIQUES

Despeaux et Michelot en finale du tournoi de boxe

A Pescara, la Coupe Acerbo

Routiers français et belges aux prises dans Marseille-Lyon

M. LEBRUN A QUITTÉ PARIS POUR LE CHATEAU DE VIZILLE

La chute de Badajoz marque le signal de la grande offensive des insurgés

AU FIL DES HEURES

La réponse italienne

Les chefs trotskystes vont être jugés à Moscou

TROISIEME EDITION

L'INTRANSIGEANT

Mercredi 19 Août 1936

ESPAGNE ENSANGLANTÉE

ON FUSILLE ICI COMME ON DÉBOISE...

Et les hommes ne se respectent plus les uns les autres

par notre envoyé spécial ANTOINE DE SAINT-EXUPERY

Sous le feu des insurgés j'ai vu l'exode douloureux des femmes et des enfants de Saint-Sébastien

De notre envoyé spécial EMMANUEL BOURCIER

"Je voulais prendre une chance, je l'ai prise : j'ai battu le record du monde"

par Georges DÉTRÉ,

qui nous dit ici au prix de quel effort il a réussi à atteindre l'altitude de 14.836 mètres, dépassant de 403 m. la performance de l'Italien Donati

Le bombardement a repris ce matin

Les gouvernementaux repoussent une attaque des insurgés sur le front d'Estrémadure

Koval est mort

AU FIL DES HEURES

Le plan de l'Angleterre

LA NEUTRALITE

Berlin a répondu Rome va répondre

M. Eden rentre à Londres

La série de reportages de Saint-Ex pendant la guerre d'Espagne (été 1936).

Joseph Kessel (1898-1979),
écrivain et journaliste.

32

SES ÉCRIVAINS

Il n'a pas tant écrit que cela. Une dizaine de livres, dont seulement quatre publiés de son vivant. Sur son *curriculum vitae*, il se présente fréquemment comme pilote, rarement comme écrivain. Il préfère la compagnie des ébénistes à celle des intellectuels qu'il trouve souvent grotesques.

Enfant, son premier livre est une brochure sur la fabrication du vin. Puis vient un recueil de contes de fées de Hans Christian Andersen, avant *Les Indes noires* de Jules Verne, un livre relativement méconnu dont Saint-Exupéry reconnaît l'influence : « Il est tout à fait possible que l'atmosphère fantastique de ce livre, qui s'est gravée dans ma mémoire, ait été à l'origine de mon propre *Vol de nuit*, qui est aussi une exploration des ténèbres. » Adolescent, il lisait beaucoup, dévorant Dostoïevski, Balzac, Baudelaire, Rilke, s'essayait à la poésie, bricolant des alexandrins. Rimbaud le bouleverse et ne le quittera jamais. Les poètes comptent pour lui, Leconte de Lisle, José-Maria de Heredia, Mallarmé…

À 20 ans, il lit quelques auteurs à la mode dans les salons de l'époque, Henry Bataille, Albert Samain, mais également Jean Cocteau dont il suit l'actualité littéraire avec passion. En fréquentant les auteurs de la NRF, les Gide, Allégret, Prévost, il s'ouvre à d'autres univers littéraires. Colette l'enchante. Giraudoux également. Léon Daudet lui fait horreur.

Plus tard, il lira des auteurs oubliés aujourd'hui, Margaret Kennedy, Luc Durtain, André Baillon. De son vivant, quelques écrivains reconnaissent son talent. Ainsi Joseph Kessel fait-il en janvier 1936 un élogieux portrait de l'auteur de *Courrier sud* et de *Vol de nuit* dans la revue *Gringoire*. À Madrid, à l'été 1937, en mission pour *Paris-Soir* afin de commenter la guerre d'Espagne, il rencontre Dos Passos et Hemingway. À Alger, début 1943, après avoir fréquenté Paul Claudel trois ans plus tôt, il lit Henri Michaux. Retrouve André Gide, et sympathise avec Philippe Soupault, Emmanuel Bove, Max-Pol Fouchet. Il se rapproche d'une autre personnalité proche de Gide, l'intellectuel et homme de radio algérien Jean Amrouche. C'est d'ailleurs dans le premier numéro de la revue d'Amrouche, *L'Arche*, que Saint-Exupéry publie *Lettres à un otage* en février 1944. L'ouvrage avait paru un an plus tôt à New York chez Brentano's.

Bien que largement contemporain des surréalistes, dont le premier Manifeste publié en 1924 ne semble pas l'avoir marqué, il ne fréquente pas ou seulement par hasard les Crevel, Desnos, Éluard… Et pas d'avantage Tristan Tzara et le mouvement Dada. De la même manière, il ne semble pas avoir recherché la compagnie d'Aragon. Ni celle des existentialistes au premier rang desquels Jean-Paul Sartre, même si celui-ci s'intéressera, dès 1948, à son œuvre de manière posthume : « Saint-Exupéry nous a ouvert le chemin… Après lui, après Hemingway, comment pourrions-nous songer à décrire… »

André Breton fait exception. Les deux hommes se connaissent plus qu'ils ne s'admirent. Ils se croisent à New York. Saint-Exupéry témoignera de son peu d'affinités et, en même temps, d'une forme d'attirance, à travers sa *Lettre à André Breton*. Il répond alors à l'accusation lancée par le pape des surréalistes sur ses positions pendant la guerre, l'Occupation, Vichy. Sa proximité avec Drieu La Rochelle – ils font le voyage pour Vichy en 1940 – ne lui vaudra pas que des amitiés. Leur correspondance se déploie sur toute l'année 1942.

D'une certaine manière, ses auteurs préférés resteront toujours les philosophes. Descartes et Pascal compteront parmi ses maîtres. Il aime plus que tout chez ce dernier la précision du mot, le sens de la concision, de la réduction. Comme Pascal, Saint-Exupéry relit longuement ses textes jusqu'à l'épure absolue, les coupant parfois des deux tiers. Léon Werth témoignera de cette passion qu'il partage également : « Nous pensions que nul, parmi les écrivains français, n'avait usé de mots avec une égale puissance. Chaque mot est une goutte de sang. Saint-Exupéry s'est joué à lui-même des variations sur des thèmes pascaliens. » Quant au poète qui est en Saint-Exupéry, il sera célébré par ses contemporains, à commencer par Léon-Paul Fargue qui lui écrit un jour : « Vous faites tomber des étoiles dans notre soupe »…

Page de droite :

(De gauche à droite et de bas en haut)

1 : Jean Cocteau ; 2 : Théo van Rysselberghe - *Lecture par Émile Verhaeren* (Gide, entouré) ;
3 : Charles Baudelaire ; 4 : Arthur Rimbaud ;
5 : Ernest Hemingway ; 6 : Jules Vernes ;
7 : Stéphane Mallarmé ; 8 : Hans Christian Andersen ;
9 : André Breton.

1

2

3

4

5

6

7

8

9

ANNABELLA
PIERRE RICHARD-WILLM
JEAN MURAT
anne marie
Scénario original de
ANTOINE DE SAINT-EXUPÉRY
Un Film de RAYMOND BERNARD

33

LE CINÉPHILE

J'ai eu la chance de pouvoir compulser de nombreux feuillets manuscrits de Saint-Exupéry imaginant le scénario d'un film qui ne s'est jamais tourné. Dès 1933, il avait écrit la trame d'*Anne Marie*, l'histoire d'une jeune femme ingénieur qui rêve d'apprendre à piloter. C'est l'actrice Annabella qui joua le rôle principal, sous la direction de Raymond Bernard. L'actrice devint une amie proche d'Antoine, très proche, murmurèrent certains…

L'année suivante, Antoine accompagna au Maroc le metteur en scène Pierre Billon qui avait décidé d'adapter son premier livre, *Courrier sud*. L'acteur qui interprétait le rôle du héros, Jacques Bernis, était à l'époque fort connu : Pierre Richard-Willm. Saint-Exupéry le doubla dans toutes les scènes d'aviation, et notamment dans celle de l'accident en plein désert, qui lui rappela évidemment de cuisants souvenirs.

Tout au long du tournage, l'écrivain s'impliqua à fond, donnant des conseils aux techniciens et au réalisateur. Car, tel était son désir, il souhaitait avoir toute latitude de diriger le film. Le metteur en scène selon lui ne pouvait qu'être au service du créateur, scénariste ou inspirateur du film. Mais tous les réalisateurs ne sont pas aussi souples que Pierre Billon… Saint-Ex avait travaillé le scénario avec le metteur en scène lui-même et avec Lustig, son traducteur en allemand qui avait la chance d'avoir pour assistante une jeune femme aussi charmante qu'intelligente : Françoise Giroud… Elle tapait à la machine les nouvelles versions jour après jour. Air France ayant accepté de mettre à sa disposition deux Latécoère 28 et le personnel nécessaire, le tournage put se dérouler tout près de Mogador, l'actuelle Essaouira.

Page de gauche :
Affiche du film *Anne Marie* de Raymond Bernard, d'après un scénario de Antoine de Saint-Exupéry, 1936.

Photographie du tournage de *La Grande Illusion* de Jean Renoir avec Jean Gabin, Pierre Fresnay, 1937.

Mais son roman-phare, grâce à son adaptation cinématographique, fut bien sûr *Vol de nuit*. Il n'y prêta pas son concours, Hollywood se chargea de tout. Son succès tint essentiellement à une distribution prestigieuse : Clark Gable, Robert Montgomery et John Barrymore.

Terre des hommes aurait pu avoir le même destin au cinéma car les meilleures fées s'étaient penchées sur son berceau. En décembre 1940, sur le bateau qui le conduisait à New York, Antoine avait fait la connaissance de Jean Renoir, l'auteur de l'inoubliable *Règle du jeu*. Les deux hommes devinrent très vite amis et le réalisateur promit à l'écrivain de tirer de son livre le plus beau de ses films. Hélas, malgré une correspondance assidue et un travail en commun remarquable, le film ne se fit jamais…

Comme spectateur, Saint-Ex était très exigeant. Il détestait ce qu'il appelait « Les sentiments truqués, sans continuité souterraine ». Ses films préférés : *La Grande Illusion*, de Renoir justement, et *Le Général est mort à l'aube* de Lewis Milestone.

L'actrice Annabella (1907–1996)

Portrait de Frédéric Chopin
par Maria Wodzińska, 1836.

34

LE MUSICIEN

Sans la musique, Antoine de Saint-Exupéry n'aurait pas été le même. Son arrière-grand-père, Emmanuel, était compositeur et maître de chapelle ; son grand-père Charles avait initié tous ses enfants au solfège et sa propre mère Marie faisait donner aux siens des cours de musique au château de Saint-Maurice-de-Rémens par la fille du directeur de l'Opéra de Lyon. Les sœurs d'Antoine choisissent le piano et le chant, les deux frères feront du violon. Pendant sa préparation au concours de l'École navale – qu'il ratera – il joue encore une demi-heure par jour, plutôt bien selon lui : « J'attaque tour à tour les *Nocturnes* de Chopin. J'en sais un très difficile et que je joue assez bien. Une splendeur : le XIIIe. »

Il va même jusqu'à composer un morceau qu'il juge navrant et lugubre.

Plus tard, beaucoup plus tard, un compositeur de bonne tenue, Luigi Dallapiccola, tire de *Vol de nuit* un opéra dont la première a lieu le 18 mai 1940 à Florence. Antoine ne peut s'y rendre : l'Allemagne vient de bombarder la Belgique avant d'asservir la France et il est obligé de rejoindre son groupe de combat, le 2/33, stationné à Orconte dans la Marne, entre Saint-Dizier et Vitry-le-François.

Il apprécie toutes les musiques, le jazz, *L'Opéra de quatre sous, Le Sacre du printemps, Pelléas et Mélisande*, mais surtout des œuvres de la Renaissance et du XVIIIe siècle. Il aime par-dessus tout Bach, Mozart et Haendel. Et c'est à ce dernier qu'il fera allusion dans l'une de ses toutes dernières lettres, juste avant sa mort.

Je la trouve magnifique :

> *Ça m'est bien égal d'être tué en guerre. De ce que j'ai aimé, que reste-t-il ? Autant que des êtres, je parle des coutumes, des intonations irremplaçables, d'une certaine lumière spirituelle, du déjeuner dans la ferme provençale, sous les oliviers, mais aussi de Haendel. Les choses, je m'en fous, qui subsisteront. Ce qui vaut, c'est un certain arrangement des choses. La civilisation est un bien invisible puisqu'elle porte non sur les choses, mais sur les invisibles liens qui les nouent l'une sur l'autre, ainsi et non autrement. Nous aurons de parfaits instruments de musique à distribuer en série, mais où sera le musicien ? Si je suis tué en guerre, je m'en moque* [...] *Mais si je rentre vivant* [...], *il ne se posera pour moi qu'un problème : que peut-on, que faut-il dire aux hommes... ?*

Ses plus belles phrases, plus profondes encore que celles-ci, il les réserve à Mozart. Dans *Terre des hommes*, il raconte un reportage effectué en 1935 entre Moscou et Varsovie pour *Paris-Soir.* Il est bouleversé par un enfant qui dort dans un compartiment de 3e classe entre son père et sa mère :

> *Il était né de ce couple-là une sorte de fruit doré. Il était né de ces lourdes hardes cette réussite de charme et de grâce. Je me penchai sur ce front lisse, sur cette douce moue des lèvres, et je me dis : voici un visage de musicien, voici Mozart enfant, voici une belle promesse de la vie.* [...] *Mozart enfant sera marqué comme les autres par la machine à emboutir. Mozart fera ses plus hautes joies de musique pourrie, dans la puanteur des cafés concerts. Mozart est condamné* [...] *Ce qui me tourmente, ce ne sont ni ces creux, ni ces bosses, ni cette laideur. C'est un peu, dans chacun de ces hommes, Mozart assassiné.*

Page de droite :
À la une du quotidien *France Soir*, extrait du reportage qu'a effectué Saint-Ex entre Moscou et Varsovie en 1935.

LE TEMPS DE MARDI

REGION PARISIENNE : *Toujours très frais, nuageux ; ondées le soir. Vent nord à nord-est modéré ; température nocturne stationnaire, diurne en très faible hausse. Nuit du 13 au 14 : minimum 6 ; journée du 14, maximum 20.* — EN FRANCE : *aggravation dans le Nord et l'Est.* — CENTRE, ALPES, PYRENEES, COTE BASQUE : *assez beau temps, nuageux. Température stationnaire.* — NORD ET EST : *aggravation progressive, averses l'après-midi ; même température.* — MIDI, PYRENEES, OUEST, BRETAGNE, NORMANDIE : *beau temps ; température en hausse faible. Mer : Manche, agitée ; Océan et Méditerranée, peu agités.* — TENDANCE GENERALE : *aggravation à peu près générale après-demain.* — NIMBUS.

Paris-soir

GRAND QUOTIDIEN D'INFORMATIONS ILLUSTRÉES

MARDI 14 MAI 1935

13e ANNEE N° 4240

37, RUE DU LOUVRE, 37

TELEPHONE :
JOUR : TURBIGO 32-00 et 96-80 (30 lignes)
NUIT : TURBIGO 32-00 et 96-80 (2 lignes)

Adresse télégr. : PARISOIR

Interurbain : TURBIGO 53-00

TIRAGE CONTROLÉ PAR L'O.J.T.

6e ÉDITION

25 cent.

Moscou a accueilli avec une grande sympathie et de nombreux vivats M. Pierre Laval

LE REPRÉSENTANT DE LA FRANCE AURA CET APRÈS-MIDI UN PREMIER ENTRETIEN AVEC M. LITVINOFF

Dans la soirée, M. Pierre Laval se rendra au mausolée de Lenine et visitera une partie de la ville

(De notre envoyé spécial Gabriel PERREUX)

MOSCOU, 13 Mai. (Par téléph.)

12 mai 1935, 17 h. 50. Nous franchissons la frontière soviétique ; nous entrons dans un monde nouveau.

Par l'atmosphère et les mœurs plus que par la nature. Car, de Varsovie à Moscou, c'est la grande plaine russe qui se déroule à perte de vue, la grande plaine monotone, jalonnée de forêts de pins et de sapins alternant avec de longs espaces vides, véritable steppe désolée. Çà et là, à de très longs intervalles, quelque pauvre maison de paysan recouverte de chaume. La classique maison de bois carrée, sans étage, noircie par les intempéries. D'êtres humains, presque pas de trace. On ressent la mélancolique impression d'un immense abandon, lourd de solitude. Une grande ombre pour nous, Français, semble planer sur ces espaces infinis, l'ombre de la Grande Armée, l'ombre de l'Empereur, le fantôme de tous ceux qui eurent le courage et l'endurance inouïe de s'aventurer en ces espaces immenses, et surtout d'essayer de revenir.

Au fur et à mesure qu'on avance vers Moscou, cependant, le paysage change un peu. Le sapin n'est plus seul. Ce sont maintenant les bouleaux élancés qui tendent vers le ciel leur fine et diaphane chevelure. Les maisons, toujours en bois, toujours carrées, sans étage, sont un peu moins pauvres. Beaucoup ont la toiture ornée de dentelure. Quelques-unes sont peintes, et la tôle remplace le chaume.

Mais ce n'est pas là ce qui frappe le plus. Entre Stolce et Niegorologé, un épais réseau de barbelés rouillés avec chevaux de frise et tout un appareil de sinistre mémoire, courent sur des kilomètres et des kilomètres, s'interrompant tout juste pour laisser passer la voie ferrée et la route. Non loin, un minuscule cimetière avec une croix indique qu'il n'y a pas bien longtemps, on s'est battu par là. Le barbelé c'est vraiment un symbole. Ici finit un monde, là commence un autre monde.

On s'en aperçoit tout de suite en descendant dans la petite gare frontière. Elle est propre et neuve. Du train où nous sommes encore enfermés pendant que les officiels défilent devant nous et qu'on escamote M. Pierre Laval, nous voyons soldats et douaniers à la grande houppelande et à la casquette plate, verte ou rouge incarnat, chaussés de grandes bottes traditionnelles, tout de neuf habillés et non sans une certaine élégance. Ceux qui font la haie sont debout dans une immobilité impressionnante. La discipline, ici comme chez nous sans doute, fait la force principale des armées. La salle de la douane où nous entrons est vernie et astiquée comme une salle de bal. Le parquet reluit. La table à bagages est marquetée et le tout dégage une agréable odeur de résine. Du restaurant attenant, des airs tantôt gais, tantôt alanguis d'un orchestre parviennent jusqu'à nous.

(Suite en page 3.)

Une prise d'armes à Varsovie, en l'honneur de M. Pierre Laval, avant le départ du ministre français des Affaires étrangères pour Moscou.

VERS L'U. R. S. S.

La nuit, dans un train où, au milieu de mineurs polonais rapatriés, Mozart enfant dormait...

LES PETITS PRINCES DE LÉGENDE N'ÉTAIENT POINT DIFFÉRENTS DE LUI

(De notre envoyé spécial Antoine de SAINT-EXUPÉRY)

Antoine de Saint-Exupéry, l'écrivain dont Vol de Nuit *a fait connaître universellement le grand talent est parti pour* Paris-soir *en U.R.S.S. On se souvient du bel article qu'il nous envoya pour la Fête du Travail. Il commence aujourd'hui — en marge du voyage de M. Pierre Laval — une enquête sur Moscou 1935.*

Moscou, 13 mai *(par téléphone).*

J'ai raconté l'autre jour le 1er Mai dans les rues de Moscou où j'avais débarqué la veille. J'ai cédé ainsi à l'actualité. Mais j'aurais dû raconter d'abord mon voyage. Le voyage est une sorte de préface qui prépare à comprendre un pays. L'atmosphère même du rapide international enseigne peut-être quelque chose. Ce n'est pas seulement un convoi en marche, la nuit, dans la campagne, mais un instrument de pénétration... les colères. Et si aisée en apparence que soit cette pénétration, peut-être quelque signe secret montrera-t-il les déchirures.

Il est minuit et, allongé dans ma cabine, sous la lumière pâle de la veilleuse, je me laisse d'abord simplement emporter. Les essieux cognent. Je reçois à travers les cuivres et les boiseries le message de ces battements artériels. Quelque chose, au dehors, s'écoule. La qualité du son varie. Un pont ou un mur râcle contre nous. Mais une gare et ses larges chaussées font le silence comme un lit de sable. Et je ne sais d'abord rien d'autre.

Inquiétude

Des centaines de voyageurs dorment dans les voitures emportés comme moi avec la même facilité. Éprouvent-ils cette inquiétude que j'éprouve ? Ce que je vais chercher, je ne l'atteindrai peut-être pas. Je... combien il trompe. Tant qu'un spectacle nous amuse et nous intrigue, c'est que nous le jugeons encore du point de vue de l'étranger. C'est que nous n'avons pas compris son essence. Car l'essentiel d'une coutume d'un rite, d'une règle du jeu, c'est le goût qu'ils donnent à la vie, c'est le sens de la vie qu'ils créent. Mais s'ils possèdent déjà ce pouvoir, ils n'apparaissent plus comme pittoresques mais comme naturels et simples. Pourtant, chacun devine confusément la nature profonde du voyage. Le voyage nous apparaît à tous un peu comme une femme en marche vers nous. Une femme perdue dans la foule et qu'il s'agit de découvrir. Une femme qui ne se distingue d'abord guère des autres. Mais aborderions-nous mille femmes, nous aurons perdu notre temps à côtoyer la découverte si nous n'avons pas su reconnaître celle-là qui était seule vulnérable. Ain-

La mort du maréchal Pilsudski prive la Pologne de son chef incontesté

Le dictateur révolutionnaire, qui a fait sortir de terre la puissance polonaise, a succombé hier après une douloureuse maladie

SA VIE FUT UNE SUITE DE COMPLOTS AUDACIEUX ET ROMANESQUES ET D'AVENTURES GUERRIÈRES

Le maréchal Pilsudski

(Lire en page 5 l'article de Jules SAUERWEIN)

"NORMANDIE" durant ses essais de vitesse a dépassé 32 nœuds

«Désormais, nous sommes sûrs de battre le record du monde», nous dit M. L. Cangardel, président de la « Transat »

Le commandant René Pugnet, à qui a été confiée « Normandie », donne ses impressions devant les micros du cinéma.

(LIRE L'ARTICLE EN PAGE 3.)

Un bûcheron est trouvé assassiné dans un bois près de Montargis

APRÈS LE SCRUTIN DE BALLOTTAGE

LA MAJORITÉ MUNICIPALE se trouve déplacée dans 118 villes de plus de 5.000 habitants

LES RÉSULTATS COMPLETS TÉMOIGNENT D'UNE CERTAINE AVANCE DES EXTRÊMES ET, NOTAMMENT, DES COMMUNISTES

A Lyon, M. Herriot et ses amis ont enlevé 35 sièges sur 57 que comprend le conseil municipal

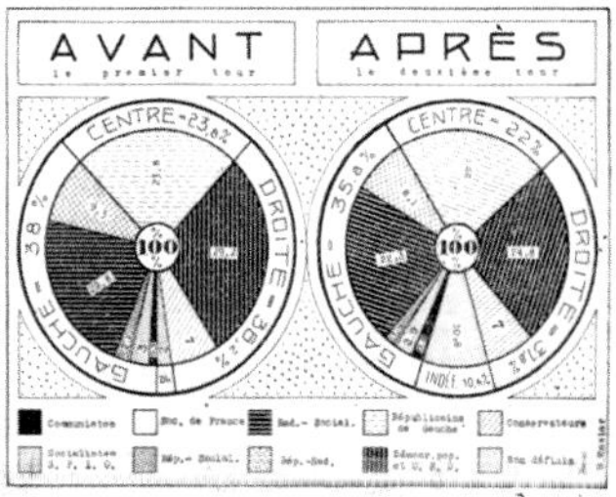

Le scrutin de ballottage d'hier n'a fait que confirmer, en les accentuant parfois, les impressions issues de l'examen des résultats du premier tour. Impressions qui, à la vérité, avec seulement les statistiques officielles, où les « indéterminés » occupent vraiment une trop grande place, demeureraient assez confuses, si la lecture des résultats complets ne venait éclairer les réflexions de tout un chacun.

En premier lieu, deux remarques viennent à l'esprit :

D'une part, on se demandait avant-hier si les électeurs suivraient ou non les mots d'ordre lancés par les différents partis politiques. Il semble bien que la réponse soit affirmative. Aussi bien à droite qu'à gauche, on constate un bloquage permanent des voix pour ou contre une personnalité ou une opinion. Et c'est peut-être ce qui fait que toutes les formations politiques marquent aujourd'hui quelque satisfaction.

D'autre part, si les statistiques font apparaître une certaine avance des extrêmes, notamment des communistes, il faut retenir que la majorité municipale ne se trouve déplacée que dans 118 villes sur 855 de plus de 5.000 habitants. Cela n'indique pas qu'il y ait eu une vague de fond, fort rare d'ailleurs en matière d'élections communales. Tout au plus, certains partisans pourront-ils soutenir qu'il ressort du scrutin un léger glissement du corps électoral vers la gauche. Encore faut-il tenir compte de la nouvelle tactique électorale des communistes qui, jusqu'à présent, au lieu de les désister, avaient maintenu presque partout leurs candidats.

A Paris, où la lutte a été vive ces derniers jours, 13 conseillers sortants ont été battus, parmi lesquels MM. Levée (1er), par M. Becquet; Beaud, président du Conseil général de la Seine (10e), par M. Raymond Sasset, député ; Roeland (10e), par M. Hirsch; Rotor (4e), par M. Hirschowitz; Lebecq (5e), par M. Rivet; Camille Renault (11e), par M. Frot; Georges Thomas (18e), par M. Torchaussé... Par contre, 31 conseillers nouveaux siégeront à l'Hôtel de Ville.

C'est dans les 11e, 13e, 14e, 18e, 19e et 20e arrondissements que se situent dans la capitale les sièges gagnés par les communistes.

Jacques LA BREDE.

(Suite en page 5.)

Le nouveau Conseil de Paris

NUANCES POLITIQUES	ANCIEN CONSEIL	NOUV. CONSEIL	GAINS	PERTES
Conservateurs	1	1	—	—
Démocrates populaires	2	2	—	—
U. R. D.	17	21	4	—
Républicains indépendants	2	4	2	—
Républicains de gauche	25	24	—	1
Radicaux indépendants	6	5	—	1
Radicaux socialistes	3	4	1	—
Républicains socialistes	4	4	—	—
Socialistes indépendants	7	5	—	2
Antifascistes	—	1	1	—
S. F. I. O.	4	5	1	—
Pupistes	8	6	—	2
Communistes	1	8	7	—
	80	90		

Le nouveau Conseil municipal de Paris comprend 90 membres au lieu de 80.

La répartition politique dans 855 communes de plus de 5.000 habitants

NUANCES POLITIQUES	MAJ. ACQUISE	MAINT.	GAINS	PERTES	TOTAL
Conservateurs	9	8	1	1	ss cht
U. R. D.	99	79	20	35	— 15
Démocr. pop.	8	5	3	4	— 1
Rép. de G.	145	105	40	51	— 11
Rad. indé.	47	34	13	20	— 7
Rad. soc.	221	164	57	61	— 4
Rép. soc.	32	25	7	17	— 10
Soc. indép.	3	2	1	3	— 2
Soc. de France	15	12	3	4	— 1
S. F. I. O.	168	136	32	39	— 7
Pupistes	1	1	0	1	— 1
Communistes	90	38	52	9	+ 43
Indéterminés	17	—	17	1	+ 16
	855				

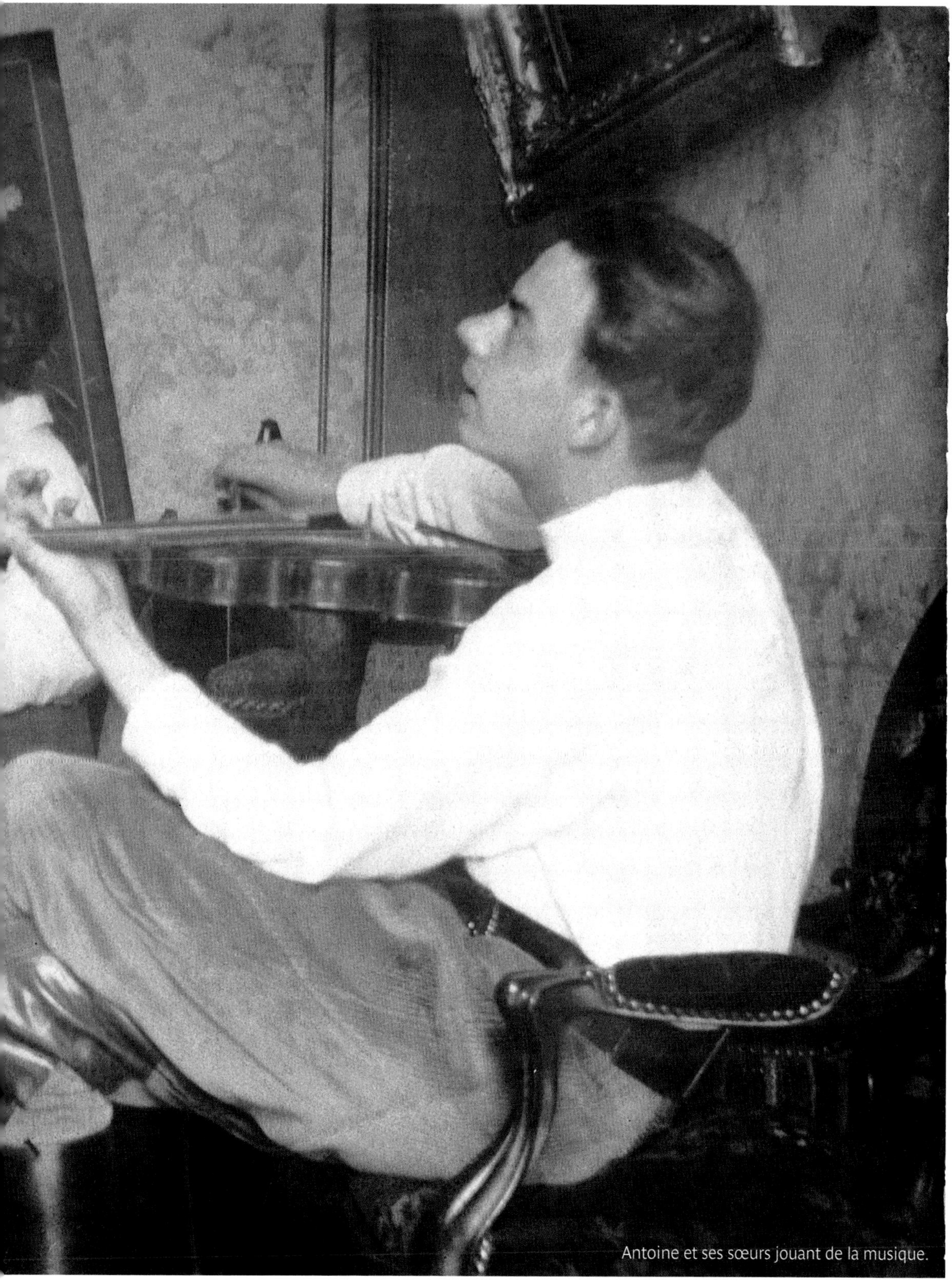

Antoine et ses sœurs jouant de la musique.

La brasserie Lipp (fondée en 1880) à Saint-Germain-des-Prés à Paris, vers 1910.

35

SES LUXES

Il fume, Saint-Exupéry, énormément, c'est un véritable sapeur, il mange aussi, boit beaucoup, toutes sortes d'alcool. D'où sa forte corpulence. « L'important, c'est d'être vivant, il ne faut pas s'écarter de ça. Mais les vivants doivent se défendre aujourd'hui comme s'ils étaient menacés à tout instant », se plaît-il à répéter en conduisant sa Bugatti comme un fou. Ce qu'il déteste, c'est ce qu'il a cru sentir, un soir, à Perpignan, à l'hôtel de France, alors qu'il travaillait à essayer des hydravions. Ce « petit bruit de pot-au-feu qui bout ». Il fuit les gens qui vivent ainsi : « Ces gens d'ici mijotent là-dedans jusqu'à la mort : à quoi sert la vie ? » Pour Saint-Exupéry, à acheter du caviar, du champagne, des bons fromages le soir quand Consuelo comme à son habitude a oublié de se soucier du dîner, du « pot-au-feu qui bout », à écumer les bistrots de la rue Vaneau et à manger des pieds de cochon grillés jusqu'à l'étouffement. Et à tirer les cartes divinement. Ou à jouer aux échecs, une passion qui ne le quittera jamais et qu'il a contractée très jeune.

Saint-Exupéry, qui a gagné beaucoup d'argent avec ses livres, dépense tout en voitures – il a acheté une Bugatti et pilote divers modèles –, en sorties, à Saint-Germain-des-Prés chez Lipp, aux Deux Magots. Pour autant, il n'a pas décidé de mieux soigner sa tenue : avec les années et la bamboche, les médicaments et l'alcool, sa carrure s'est épaissie et ses costumes croisés semblent prêts à craquer, boutonnés, il est vrai, la plupart du temps de travers. Des costumes toujours aussi froissés, avec des plis partout, qui tombent vraiment mal, sur des chaussures rarement entretenues…

Saint-Ex au volant de l'une de ses voitures.

Saint-Exupéry à la brasserie Lipp, 1936.

Saint-Exupéry, c'est l'histoire de la dèche et du luxe : il enchaînera ainsi périodes fastes et dramatiques, quand, au milieu des années 1930, démuni, devant beaucoup d'argent à Mermoz, ne payant pas ses contraventions, poursuivi par la justice pour n'avoir pas réglé son loyer, gaz, électricité et téléphone coupés, meubles saisis, il doit mettre en gage sa montre auprès de la concierge pour qu'elle accepte de garder le petit pékinois offert à Consuelo.

Dès que ses ouvrages sont publiés aux États-Unis à la fin des années 1930, avant même d'être édités en France, sa situation s'améliore considérablement. Cependant, sa générosité légendaire fait de ce prince aux poches percées un éternel endetté de la vie.

Saint-Exupéry en uniforme de pilote, 1940.

36

PILOTE DE GUERRE

Frédéric Dard, avant d'être l'auteur fameux de *San Antonio*, publiait des critiques littéraires, notamment dans le journal lyonnais *Dimanche*. J'ai ainsi découvert, grâce à la revue *Icare*, qu'à l'automne 1944, donc en pleine Occupation, Dard, jeune auteur sans gloire, s'intéresse à Saint-Exupéry, porté disparu depuis quelques semaines. *Pilote de guerre* vient de paraître, mais clandestinement, sans être complètement passé par la censure, ni aucune autorisation administrative. Un non-livre. Mais pour Frédéric Dard, qui place Saint-Exupéry sur le même plan qu'André Malraux, c'est un chef-d'œuvre qui explique en partie la situation de défaite, l'état d'abattement dans laquelle se trouve la France d'alors : « Lorsque, demain, les manuels d'histoire assumeront la tâche difficile d'expliquer aux enfants la défaite de la France dans cette guerre à deux temps, ils devront puiser largement dans *Pilote de guerre* car il sera bon alors que retentisse la pensée de Saint-Exupéry. » Une pensée qui exalte la notion de sacrifice, le sacrifice de la nation, mais aussi le courage de l'engagement, de la guerre. Antoine témoigne : « Le métier de témoin m'a toujours fait horreur. Qui suis-je, si je ne participe pas ? »

Ci-contre : Avion chasseur monoplan Curtiss Hawk H.75 (H75A-3) ou P 36, de fabrication américaine, 135 exemplaires furent commandés par la France en octobre 1939, 60 exemplaires furent livrés avant la défaite de juin 1940.

Bataille de France, mai 1940 : avions bombardiers français Amiot 143 rejoignant leur base.

Avec *Pilote de guerre*, il n'est plus question de l'Aéropostale, des escales africaines ou latino-américaines, du désert, mais bien du ciel du Nord de l'Hexagone au moment de la terrible déroute de 1940. L'épopée du groupe 2/33, dit de grande reconnaissance, est retracée à partir de la propre expérience du pilote. Deux missions, les 23 mai et 6 juin 1940, à bord d'un avion singulier, le Bloch 140, lui permettent, à travers leur récit, de démontrer aux Américains le combat mené par les Français pour leur liberté. Une réponse à son ami Charles Lindbergh, partisan du non-engagement des États-Unis aux côtés de l'Europe menacée. Mais également une mise en cause de l'état-major français et des services de renseignements qui ont laissé près de 100 000 hommes mourir au combat en ce printemps 1940. Un chiffre que Saint-Exupéry porte à 150 000. Un « délabrement universel ». Les missions du groupe 2/33 ont profondément marqué Saint-Ex. Un homme sur trois revient vivant. Alias, leur chef, s'adresse ainsi aux siens : « Votre mort ne changera rien. La défaite est consommée. Mais il convient qu'une défaite se manifeste par des morts. Ce doit être un deuil. Vous êtes de service pour jouer le rôle. »

Charles Lindbergh (1902-1974) aviateur américain ici posant devant son avion *Spirit of St Louis* avant sa traversée de l'Atlantique, 14 mai 1927.

LINDBERGH

Quand Saint-Exupéry arrive pour la première fois aux États-Unis en 1938 pour effectuer son raid New York-Cap Horn, New York n'est pas particulièrement impressionné par la carrière du pilote. D'autres aviateurs font la une des journaux américains, une femme, Amelia Earhart, et évidemment le fameux colonel Charles Lindbergh. Depuis sa traversée de l'Atlantique les 20 et 21 mai 1927, effectuée en trente-trois heures et trente minutes entre New York et Paris, Lindbergh est un héros mondial. Son avion, le *Spirit of St. Louis*, remporte un match franco-américain contre la montre pour relier les deux pays. Quelques jours plus tôt, la France a en effet perdu deux de ses meilleurs pilotes : Charles Nungesser et François Coli disparaissent à bord de *L'Oiseau blanc* en tentant la traversée de l'Atlantique d'est en ouest. Arrivé au Bourget, reçu par le président Gaston Doumergue, Lindbergh va présenter ses condoléances à la mère de Nungesser.

Anne Morrow Lindbergh dans le cockpit d'un Sirius Lockheed lors d'une mission de surveillance des routes aériennes arctiques en 1933.

Ci-dessus : Amelia Earhart (1898-1937) aviatrice américaine, ici le 21 mai 1932 à son arrivée à Culmore en Irlande du Nord, elle est la première femme à faire la traversée de l'Atlantique en solitaire.

Contemporain de Saint-Exupéry, né deux ans après lui, en 1902, Lindbergh, que l'on surnomme très vite « l'aigle solitaire », est le premier à effectuer cette traversée. Il doit hélas aussi sa célébrité à l'enlèvement en 1932 puis au meurtre du bébé qu'il vient d'avoir avec son épouse Anne Morrow. Un couple qui, avec la naissance de deux autres enfants, ne cédera pas au désespoir et se fera reconnaître comme un duo d'aviateurs en parcourant le Pacifique.

Un livre, *Listen ! The Wind*, écrit par Anne et publié aux États-Unis en 1938, témoigne de cette aventure et va être édité à Paris. Quand Saint-Exupéry en reçoit les épreuves, il accepte d'en écrire la préface qu'il apporte avec lui à New York. Anne, flattée, se met à lire, sur épreuves également, *Wind, Sand and Stars* (le futur *Terre des hommes*), et retrouve Antoine au bar du Ritz. Complètement séduite par l'homme galant et amusant qu'elle découvre, elle le conduit chez elle, à Long Island, en l'absence de Lindbergh. Du 4 au 7 août 1938, Antoine et Anne passent trois jours ensemble, comme aimantés. Anne fera le récit de cette rencontre dans son journal qui paraît en 1979 sous le titre de *War Within and Without*.

Quant à Charles, Antoine le rencontrera, à l'été 1939 lors d'un nouveau séjour américain. Cette fois, c'est Lindbergh qui est séduit, l'écoute des heures, en voiture, traduit par sa femme, et finit par tomber en panne d'essence tant il est concentré. Anne témoigne : « Les récits éclosent sur ses lèvres comme autant de fleurs monstrueuses qui nous tenaient sous le charme, oublieux de l'endroit où nous étions ou de ce que nous faisions. »

Amelia Earhart disparut en juillet 1937 dans l'océan pacifique lors d'une traversée au-dessus des Nukumanu Islands, ici vers 1935.

Sir Winston Churchill, le Premier ministre anglais, et le Général Charles de Gaulle, représentant de la France Libre, se rencontrent le 12 janvier 1944 à Marrakech, Maroc.

DE GAULLE

Saint-Exupéry ne crut jamais en de Gaulle. De Gaulle ne crut jamais en Saint-Exupéry. Un malentendu qui allait durer bien après la mort de l'aviateur et qui explique sans doute en partie pourquoi l'écrivain ne fut pas intégré à l'historiographie officielle de l'après-guerre et, par conséquent, aux programmes scolaires de l'Éducation nationale, alors que tout dans son œuvre aurait dû conduire l'auteur du *Petit Prince* à être étudié en priorité par les jeunes générations.

Tout commença avec la défaite de mai 1940. Sans doute influencé par son ami le député Greyssel qui avait combattu pendant la Première Guerre mondiale sous les ordres du général Pétain, Antoine de Saint-Exupéry voulut croire à l'honnêteté intellectuelle du maréchal. Il se persuada que la France n'était pas armée pour résister aux Allemands et devait donc attendre l'entrée en guerre des Américains. C'est ce qui le poussa, comme d'autres écrivains ou créateurs tels que Jean Renoir, à se réfugier aux États-Unis. Saint-Exupéry fut par ailleurs très choqué par la déclaration indulgente du général de Gaulle après l'attaque des Britanniques contre la flotte française massée à Mers el-Kébir, pour éviter qu'elle ne tombe aux mains des Allemands.

Démobilisé le 31 juillet 1940, Saint-Exupéry se retrouva à Marseille fort désœuvré. Il fit le voyage à Vichy pour rencontrer Pétain mais n'adhéra pas à ses idées. Il était surtout révolté par l'influence grandissante de Pierre Laval. Selon son amie Nelly de Vogüé, elle aussi présente à Vichy, Antoine aurait salué l'arrivée du dauphin de Pétain au restaurant de l'hôtel du Parc, quartier général du gouvernement de l'époque, d'une phrase retentissante : « Voici le salaud qui vend la France ! » Saint-Ex déclina plusieurs postes prestigieux dans la nouvelle administration, comme celui de membre du Conseil national du gouvernement, qui voulait utiliser sa renommée.

C'est le tout dernier jour de cette sinistre année 1940 qu'Antoine accosta à New York. Là-bas, il se refusa à toute interview politique et à la moindre condamnation formelle du régime vichyste.

Même lorsque ses dérives, à commencer par les ignobles lois anti juives – qui touchaient au premier chef son grand ami Léon Werth –, le poussèrent à prendre davantage ses distances, Saint-Exupéry ne choisit pas de se rallier au général de Gaulle. Il lui préféra son rival en Afrique du Nord, le général Giraud, ce qui contribua à élargir encore le fossé entre les deux hommes qui pourtant, de prime abord, avaient tout pour s'entendre. Aucune ambassade ne fut possible entre les deux héros, chacun dans son genre, aujourd'hui sculptés dans la même légende.

Le général lui en garda une rancune tenace. Le 30 octobre 1943, dans un discours d'hommage aux écrivains qui avaient préféré l'exil à la collaboration, de Gaulle ne mentionna pas le nom de Saint-Exupéry et refusa même de lui permettre de réintégrer le service actif. Antoine se vengea en multipliant les réflexions désobligeantes à l'endroit du général et de ses amis, rebaptisés par ses soins « le parti unique ». Et c'est ainsi que fut gâchée l'ultime chance d'un rapprochement entre deux personnalités qui furent l'honneur de la France.

Ci-contre :
Conférence de Casablanca : le général Henri Giraud, le président américain Franklin Delano Roosevelt, le Général Charles de Gaulle, et le Premier ministre anglais Winston Churchill se réunissent du 14 au 27 janvier 1943 pour décider de la poursuite de la guerre jusqu'à la rémission inconditionnelle des alliés de l'Axe.

Le général français Giraud pendant sa marche quotidienne lorsqu'il était prisonnier près de Dresde, Allemagne.

Le célèbre Cotton Club à Harlem (New York) en 1938, haut lieu de la fête et du jazz.

39

NEW YORK

Il aime l'Amérique qu'il a décidé de rejoindre une première fois en janvier 1938, épuisé par ses relations avec Consuelo et une vie privée agitée. Un court séjour, l'occasion de voir du bon théâtre et d'être séduit par cette ville pas comme les autres. En février de la même année, lors du raid dramatique New York-Terre de Feu, il s'abîme avec son Simoun à Guatemala City et évite de peu l'amputation après plusieurs jours de coma grave. Pendant ses mois de convalescence à New York, il commence *Terre des hommes*, et fait la connaissance de ses futurs éditeurs américains. Un aller-retour en France de quelques semaines, puis le 1er juillet, le voilà de nouveau à New York où il remet à son traducteur américain une partie importante de son manuscrit.

Un an plus tard, en août 1939, il y retourne, à l'invitation de ses éditeurs, et assiste à la session d'été du collège de Middlebury dans le Vermont, mais doit rentrer précipitamment à Paris fin août, la guerre menaçant. Le 3 septembre, elle est déclarée entre la Grande-Bretagne, la France et l'Allemagne. Démobilisé en juillet 1940, Antoine cherche à retourner aux États-Unis, obtient un visa à Vichy, va à Alger, Tanger, Lisbonne puis prend le bateau pour New York où il arrive le 31 décembre 1940. Avec l'intention, non pas de s'y installer, mais plutôt de venir témoigner sur la guerre qui se déroule en Europe. Et bien sûr d'écrire et de publier ses textes.

Dans la ville-monde, Manhattan, Saint-Exupéry loue d'abord, grâce à ses éditeurs, un appartement au 27e étage sur Central Park South. De là, il domine la ville et son magnifique océan végétal. Un bon petit bistrot italien, Chez Tony, en bas de l'immeuble, lui sert de point de rendez-vous. Saint-Exupéry s'est réfugié avec bonheur dans ce nouvel environnement qui lui est étranger mais où il peut se retrouver. Car, bien qu'il ne parle que très mal l'anglais, il se sent chez lui à New York où il profite de la présence d'amis comme Jean Renoir avec qui il est arrivé en bateau, ou encore Pierre Lazareff qui les a accueillis. Quelques lieux comme la galerie basse du Rockfeller Center, le Cotton Club, la librairie Brentano's permettent également aux Français de se retrouver et de mener une vie sociale tout en commentant la dramatique actualité de leur pays : Jules Romains, Bernard Lamotte sont parmi les amis avec qui parler… Des femmes – il ne sait pas s'en passer – occupent inévitablement Antoine quand il n'écrit pas. En novembre 1941, Consuelo arrive à New York, au moment où paraît aux États-Unis *Flight to Arras* (*Pilote de guerre*), illustré par Bernard Lamotte.

Antoine va alors mieux sur le plan physique. À peine arrivé à New York, il s'est préoccupé de sa santé et a subi une batterie d'examens. Mais son moral est sévèrement entamé, il comprend de moins en moins bien ce qui se passe en France, a du mal à juger Vichy, l'Occupation, et semble, aux dires des témoins qui le rencontrent, profondément perturbé, tourmenté. Il écrit, passe son temps à téléphoner, même en pleine nuit, à ses proches pour leur lire des passages de ses textes, leur demander leur avis. Après Central Park, il déménage et rejoint la Première Avenue, à Beekman Place.

À la mi-avril 1943, souhaitant combattre pour son pays, il décide de saisir l'opportunité d'une place sur un convoi américain qui se rend en Afrique du Nord pour quitter à jamais les États-Unis. Un dernier dîner réunit amis et éditeurs. Au petit matin, il dit au revoir à Sylvia Hamilton et lui offre le manuscrit français du *Petit Prince*. Quand il va chez Consuelo, elle n'est pas dupe. « Ah ! Tonio, mon bien-aimé, c'est terrible d'être la femme d'un guerrier. Tonio, mon amour, mon arbre, mon mari, c'est décidé : vous partez. Je sais que vous avez vu une femme avant votre départ, et que vous lui avez dit : "Thérèse, je ne vous embrasserai pas. Parce que je porterai sur mes lèvres, jusqu'à la fin de la guerre, les lèvres de ma femme et son dernier baiser". », écrit-elle dans ses Mémoires. Thérèse est, évidemment, un nom de code pour Sylvia. Le 3 mai 1943, Antoine de Saint-Exupéry est à Oran. Une nouvelle vie l'attend là. La dernière page de sa vie.

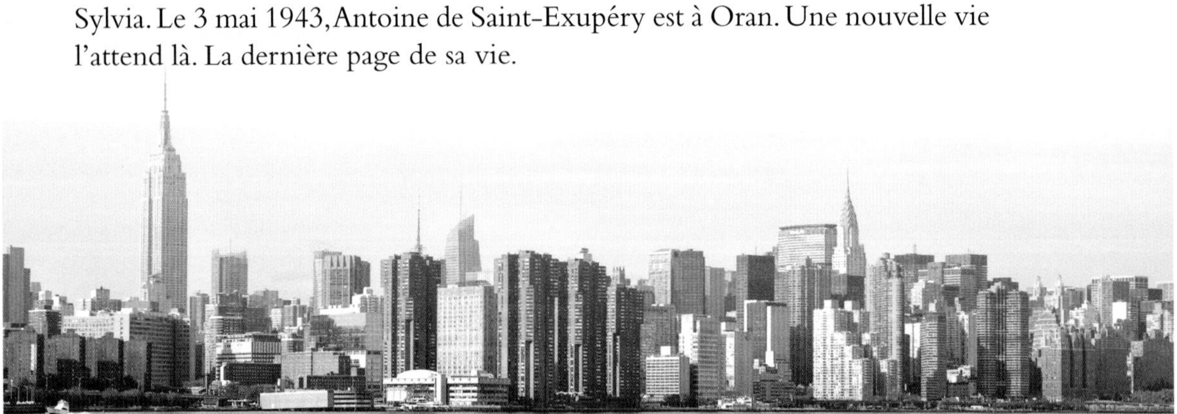

Photo prise à New York en 1943 sur la terrasse de l'appartement du peintre Bernard Lamotte, ami de Saint-Ex depuis ses études aux Beaux-Arts, c'est lui qui l'introduisit auprès de la bohème artistique new-yorkaise. Illustrateur de *Pilote de guerre*, il fut pressenti par Saint-Ex pour illustrer *Le Petit Prince*.

Ce dessin du Petit Prince fait partie du « Menu du cochon », une invitation illustrée par Saint-Ex pour une fête qu'il organisa le 18 février 1944 quand il était à Alger.
Avant et après la publication du *Petit Prince*, Saint-Ex utilisait ce personnage comme messager.

LE PETIT PRINCE

L'histoire de ce livre est fascinante, tant celle des dessins disparus que le travail de reconstitution du manuscrit d'origine. C'est un livre séduisant en apparence, très sombre dès qu'on le résume ainsi : « Un enfant décide de quitter la Terre en mourant, mordu par un serpent ». C'est également un portrait en creux d'un élève des Beaux-Arts, d'un pilote qui vient de perdre il y a peu son ami Mermoz et qui tombe en panne dans le désert… Un homme qui a apprivoisé un fennec à Cap Juby, vu des boas en Argentine, des baobabs au Sénégal… La rencontre d'un pilote et d'un enfant, deux êtres tombés du ciel. L'un en raison de la panne du moteur de son avion, l'autre venu de l'astéroïde B 612 dans la suite d'une migration d'oies sauvages.

Le Petit Prince se remet difficilement d'un chagrin d'amour causé par une rose. Son périple au cœur de l'univers le mène d'une planète à l'autre : celle d'un roi solitaire, celle d'un vaniteux qui veut surpasser en beauté, en intelligence, en élégance et en richesse, tous les autres habitants d'une planète où il vit seul. Celle d'un pochard qui boit sans soif, celle d'un businessman, ou celle qu'habite un allumeur de réverbères. D'autres encore, avec un géographe qui ne déserte jamais son bureau et enfin la planète Terre et son désert dans lequel il rencontre successivement un renard et le fameux serpent rédempteur… qui donne la mort à celui-là même qu'il devait aider à retrouver sa planète. Un Petit Prince qui « tomba doucement comme tombe un arbre. Ça ne fit même pas de bruit, à cause du sable. » Fin !

Même si l'âme d'enfant de Saint-Ex s'y exprime dans sa nue vérité, le livre s'adresse également aux « étranges » adultes. « Ce n'est pas un livre pour enfants, c'est le message d'un grand poète qui soulage de toute solitude et par lequel nous sommes amenés à la compréhension des grands mystères de ce monde », commente ainsi Martin Heidegger à l'occasion de l'édition allemande du livre en 1949.

Saint-Exupéry semble avoir voulu publier dès 1940, aux éditions Mame, à Tours, un conte pour enfants. Tonio a toujours dessiné, souvent en marge de ses correspondances. Caricatures, autoportraits… et aimé les contes, notamment ceux d'Andersen qu'il se fait lire, hospitalisé à Los Angeles, par l'actrice Annabella. Le conte, c'est de famille. La sœur d'Antoine, Marie-Madeleine, morte de tuberculose, avait déjà écrit un recueil de huit contes peuplés d'animaux de jardin sous le titre des *Amis de Biche*, publié par souscription après sa mort en 1927.

Ce sont donc les États-Unis qui verront naître le livre le plus vendu au monde. Et ce, grâce notamment à Consuelo qui trouve d'abord une maison dans le Connecticut, à Southport, puis le refuge idéal, à Long Island, dans la bibliothèque du manoir de Bevin House. La maison est presque vide, inspirante. Antoine nomme cette bâtisse de vingt-deux pièces « Versailles ». Il n'est pas loin de la famille Lindbergh et la présence de Denis de Rougemont est réconfortante. De nombreux visiteurs s'y pressent : Jean Gabin, Greta Garbo, Charles Boyer, Ingrid Bergman… Saint-Exupéry prend des cours d'anglais, téléphone à la terre entière, joue aux échecs, dîne, boit, fume, abuse du café et attend la nuit pour se mettre à l'ouvrage. Écrire, dessiner, dessiner, écrire. De temps à autre, de plus en plus souvent, il va chez Sylvia Hamilton qui sert de modèle, comme ses peluches, son chien. Il rature, détaille, précise, perfectionne. Fin 1942, le livre est achevé… sans le happy end auquel les éditeurs américains de Saint-Exupéry s'attendaient. Et un peu trop tard pour sortir à l'occasion des fêtes de Noël… Quant à son traducteur, Lewis Galantière, un accident d'avion ne lui a pas permis de traduire le livre en anglais dans les temps.

Il faudra donc attendre le printemps 1943 pour satisfaire l'impatience de Saint-Exupéry et la curiosité de ses lecteurs les plus attentifs. Le 6 avril,

Ci-dessus :
Le manoir de Bevin House où séjournait Saint-Ex lorsqu'il a écrit *Le Petit Prince*.

le livre est dans toutes les bonnes librairies new-yorkaises. Antoine est loin. En Afrique du Nord, se plaignant à son éditeur de n'avoir aucune nouvelle. Curtice Hitchcock, dans sa réponse, le rassure : « Les critiques ont été bonnes et je vous en envoie deux ou trois pour que vous les lisiez vous-même… Dès le début de la saison d'automne, nous projetons d'engager une nouvelle campagne… Voilà un enfant tout plein de vie. » Mais l'écrivain-dessinateur ne verra jamais l'édition française que Gallimard sort après sa disparition, en avril 1946, trois ans après l'édition américaine. Entre-temps, pour Noël 1945, la directrice d'un tout jeune hebdomadaire pour femmes, *Elle*, qui fut une amie proche de Saint-Ex à New York, Hélène Lazareff, en publie les bonnes feuilles.

Ce phénomène d'édition ne lasse pas d'étonner. Pour la seule France, l'ouvrage sera vendu à près de 12 millions d'exemplaires. Tiré à sa publication en novembre 1945 à 12 500 exemplaires, *Le Petit Prince* est toujours plus lu, plus adulé, à la différence des best-sellers dont les ventes se font dès la première année. Mais c'est surtout une œuvre mondiale. Le livre français le plus lu à l'étranger. Les chiffres, souvent minorés, car ne prenant en compte que les éditions enregistrées, sont impressionnants. Traduit dans plus de 150 langues et dialectes, vendu à plus de 30 millions d'exemplaires hors de France… Le Japon bat tous les records : consacrant un musée à Hakone à Saint-Exupéry, produisant un film sur la vie de l'écrivain-pilote, mais également une comédie musicale. Les Japonais – comme les Coréens avec un site de récréation non loin de Séoul, la Petite France – sont des fans absolus. Cinq millions d'exemplaires du livre seront vendus dans l'archipel nippon

Les États-Unis ne sont pas en reste. Les ventes s'y comptent par millions. Cédés à la Paramount plus de vingt ans après la mort de l'auteur par sa veuve, Consuelo, les droits mondiaux audiovisuels du livre ont été longtemps bloqués par Hollywood. Et pourtant le livre était promis à une belle adaptation : celle qu'Orson Welles, découvrant l'ouvrage à sa publication, avait rêvé d'entreprendre ! Welles veut et réaliser le film et en jouer le rôle-titre. Il écrit le scénario, qui comprend une part de dessin animé. Il rencontre Walt Disney pour le convaincre d'associer ses studios d'animation à la production du film. En vain. Welles revendra les droits en faisant une très bonne affaire. Et en manquant peut-être un grand film…

Le réalisateur Jean Renoir qui accueillit
Saint-Exupéry à Los Angeles.

41

SES ÉDITEURS AMÉRICAINS

En avril 1942 à New York, l'éditeur Eugène Reynal et son épouse Elizabeth – qui parle parfaitement le français – déjeunent avec Saint-Exupéry au café Arnold, une brasserie à la mode dans la communauté française. Là, ils le voient en train de dessiner sur la nappe en papier un jeune garçon avec des cheveux en pétard et lui suggèrent d'en faire le personnage d'un conte pour enfants. Un livre pour les fêtes ! Saint-Exupéry signe un contrat avec une fort modeste avance : 3 000 dollars. Mais le texte sera court, ne dépassant pas 90 000 signes auxquels viennent s'ajouter les fameux dessins. Quelques jours plus tard, alors qu'il doit rapidement remettre son texte censé paraître pour Noël, il se rend au Canada pour y tenir des conférences à la demande de ses éditeurs américains. Mais il s'y trouve bloqué cinq semaines durant, son passeport de Vichy n'étant pas reconnu par les autorités locales. Saint-Exupéry est désespéré et trouve refuge chez son ami Jean Renoir à Los Angeles. Il écrit à Sylvia Hamilton : « J'ai terriblement besoin d'être plaint et consolé… C'est long les nuits blanches. Et le désir quand on est seul… Et les rêves, les rêves, les rêves que je ne raconterai jamais. » Sylvia le rejoint, puis Consuelo… et une troisième « amoureuse », l'actrice Nathalie Paley. Situation plus que tumultueuse.

Début juin, il est de retour à New York. L'édition américaine du *Petit Prince* est imprimée par Reynal et Hitchcock alors qu'il s'apprête à retourner en Europe. Une version en français est également éditée par Reynal et Hitchcock, de même qu'un tirage de tête signé de la main de l'auteur.

Six décennies plus tard, le monde entier se souviendra des nom des deux éditeurs américains du *Petit Prince*. Parce qu'ils sont inscrits au dos de la fameuse gourmette offerte par Consuelo à son mari et retrouvée au large de Marseille par le pêcheur Jean-Claude Bianco. Accompagnés de leur adresse : *386, 4th Ave. NYC, USA…*

Ci-dessus : La princesse Nathalie Paley (Natalia Pavlovna, 1908-1981), actrice française d'origine russe, en 1936.

Ci-contre : Saint-Exupéry dînant avec ses éditeurs américains.

Portrait de Marie de Saint-Exupéry peignant. C'est elle qui, la première, dessina des moutons.

42

MOUTON

« S'il vous plaît… dessine-moi un mouton ». Chacun a en tête la première phrase du Petit Prince quand il s'adresse à l'aviateur, double rêve d'Antoine lui-même. Ledit mouton ne sera pas si facile que cela à reproduire, trop malade, trop vieux, des cornes qui auraient pu le faire passer pour un bélier… Même le mouton avalé par un boa ne passa pas auprès du Petit Prince : trop difficile à digérer, dans tous les sens du terme. L'ultime tentative du pilote fut la bonne. Voyant que décidemment il ne savait pas dessiner, il esquissa les contours d'une caisse destinée à enfermer – mais aussi à protéger – le mouton. Cela plut beaucoup au petit garçon.

Mais pourquoi un mouton ? On ne posa jamais la question à Antoine de Saint-Exupéry qui avait certainement, dans ses années de désert à Cap Juby (1927 – 1928), vu plus souvent finir ses pauvres bêtes en méchoui qu'en dessin.

La réponse est à mon sens à chercher dans une histoire que sa mère a dû lui raconter dans son enfance. Lorsqu'elle était elle-même très jeune, elle était souvent dans la lune, comme le sera plus tard son fils Antoine, surnommé « Pique la Lune ». Lors de sa première leçon de dessin, son professeur se moqua gentiment d'elle : « Mademoiselle de Fonscolombe, vous êtes dans les nuages ! »

Et pour la réveiller définitivement, elle lui demanda de reproduire son rêve. Marie dessina un mouton. C'est ainsi que son professeur de dessin et de musique, mère Ange du Saint-Esprit, Yvonne de Lourmel de son nom de jeune fille, la prit sous son aile et poussa l'enfant à dessiner puis à peindre.

Toute sa vie, Marie de Saint-Exupéry se passionna pour l'aquarelle, avec un certain bonheur. Mais plus jamais elle ne dessina un mouton. Son fils s'en chargea pour elle…

43

BOA

Le boa, chez Saint-Exupéry, c'est d'abord pour tous les enfants du monde l'énorme serpent qui, dans *Le Petit Prince*, avale un éléphant. Pas moins !

Et pourquoi donc l'auteur commence-t-il son livre-phare par cette image-là, avant même qu'apparaisse le petit blondinet autour duquel l'histoire va s'enrouler, tel un boa ? Tout simplement parce que c'est le tout premier dessin d'Antoine, alors qu'il savait à peine lire. Il a 6 ans et, pour son anniversaire, sa mère lui a offert un magnifique livre illustré sur la forêt vierge. L'écrivain le raconte lui-même dès les premières lignes du *Petit Prince*, l'ouvrage s'intitulait *Histoires vécues*. L'image qui avait tant impressionné l'enfant représentait un boa avalant un fauve. Il apprend par la même occasion que ces serpents-là « avalent leur proie tout entière, sans la mâcher », et qu'ils la digèrent pendant des mois, tout en dormant. La belle vie…

Cela donna une idée au petit Antoine. À l'aide d'un crayon de couleur, il traça une ligne sinueuse qui s'achevait en grossissant comme un ballon.

Tout fier de lui, il montra son premier dessin à son entourage. Les adultes le félicitèrent, mais pas pour les bonnes raisons : « Bravo pour ce chapeau ! » Or, l'enfant avait dessiné un éléphant avalé par un boa, ce qui semblait plausible si l'on lisait bien *Histoires vécues*… Pour mieux se faire comprendre, Antoine reprit son dessin et entoura son éléphant de la peau du serpent « afin que les grandes personnes puissent comprendre. Elles ont toujours besoin d'explications ».

Il n'empêche que l'enfant fut très désappointé par sa mésaventure. Il le dit lui-même au début du *Petit Prince* : « C'est ainsi que j'ai abandonné, à l'âge de six ans, une magnifique carrière de peintre [...] J'ai donc dû choisir un autre métier et j'ai appris à piloter des avions. »

Et voilà comment un enfant contrarié par des adultes trop obtus peut devenir l'aviateur le plus célèbre de France…

Page de gauche : Anaconda, serpent aquatique d'Amérique du sud, gravure du XIXe siècle.

Marie de Saint-Exupéry en son jardin.

LE JARDINIER

« Si je suis descendu, écrit Saint-Exupéry à son ami Pierre Dalloz, quelques semaines avant de disparaître, je ne regretterai absolument rien. La termitière future m'épouvante. Et je hais leur vertu de robots. Moi, j'étais fait pour être jardinier. »

On a souvent commenté ces phrases. Elles ne sont pas lancées au hasard. Antoine de Saint-Exupéry n'est pas un homme de postures. Il pense profondément ce qu'il dit. Et depuis son enfance, il a toujours aimé les jardins.

Son jardin d'Eden, son jardin rêvé, c'est bien sûr le grand parc de Saint-Maurice-de-Rémens. C'est là qu'il va partir à la conquête du monde, celui qu'il s'est inventé et dont il est le chef, en chevalier Aklin à la tête de sa troupe.

Plus tard, vers la fin de sa vie, ce sera le monde du Petit Prince. En cheminant, après avoir beaucoup pesté contre les baobabs qui prolifèrent sur sa minuscule planète et qu'il faut chaque matin arracher, le petit blondinet à l'écharpe d'or découvrit enfin une route :

Et les routes vont toutes chez les hommes.
— Bonjour, dit-il.
C'était un jardin fleuri de roses.
Le Petit Prince les regarda. Elles ressemblaient toutes à sa fleur.

Quelle humiliation pour notre héros… Sa rose lui avait raconté qu'elle était unique en son genre. Et voilà que dans un seul jardin, il en croisait cinq mille !

Le choix de la rose n'est pas innocent. C'est la reine des jardins et il n'est pas un poète qui ne l'ait comparée à la Femme majuscule, de Ronsard à Aragon.

Alors, pour que vivent les femmes, pour que vivent les roses, il faut un jardinier. Et beaucoup d'eau, beaucoup d'amour.

Encore une citation de Saint-Exupéry, un peu moins connue celle-là : « La mort du jardinier n'est rien qui lèse un arbre. Mais si tu menaces l'arbre, alors meurt deux fois le jardinier. »

Léon Werth jouant aux échecs avec son fils Claude.

LÉON WERTH

C'est une belle amitié que celle qui unit pendant si longtemps Léon Werth et Antoine de Saint-Exupéry. Et pourtant, de prime abord, peu de points communs : Werth aurait pu être le père d'Antoine, il avait vingt-deux ans de plus que lui. Il était anarchiste, Saint-Ex n'avait rien de bien révolutionnaire en lui. Il était juif, de milieu modeste, son ami catholique, d'une longue lignée d'aristocrates.

Il n'empêche : ces deux-là s'adoraient et, mieux encore, se respectaient incroyablement. Dans la version américaine de *Terre des hommes*, Saint-Exupéry imagine le dialogue de deux soldats espagnols dans les tranchées de la guerre d'Espagne. L'un est républicain, l'autre se bat derrière Franco. Dans le noir, sans se voir, ils se demandent la raison de leur engagement. Le premier répond « Pour l'Espagne » et l'autre « Pour le pain de mes frères ». L'un s'appelait Léo, l'autre Antonio…

C'est ce qui fut magnifique dans leur amitié. Une très grande tolérance à l'égard des opinions de l'autre. En traduction saint-exupérienne, cela donne : « Ce qu'il entendait, c'est qu'au-delà de toute discordance, nous aboutissions toujours à un plan commun beaucoup plus haut que notre désaccord. »

Ils se rencontrèrent en 1935 autour d'une passion commune pour la philosophie de Pascal. Très vite, Léon Werth et sa femme Suzanne devinrent des confidents à l'écoute des déboires conjugaux d'Antoine qui se réfugiait souvent dans leur maison de campagne de Saint-Amour, dans le Jura. C'est là que l'écrivain juif se calfeutra, en zone libre, pour échapper à l'antisémitisme d'État. Les deux hommes ne se virent donc que très peu après que Saint-Exupéry décida de partir aux États-Unis en décembre 1940.

Antoine de Saint-Exupéry à bord de son avion F-ANRY Caudron 630 Simoun parlant à son ami Léon Werth à l'aérodrome d'Ambérieu en 1935.

C'est pourtant à Léon Werth que l'écrivain dédia son chef-d'œuvre américain, *Le Petit Prince*. Son envoi est magnifique :

À Léon Werth.

Je demande pardon aux enfants d'avoir dédié ce livre à une grande personne. J'ai une excuse sérieuse : cette grande personne est le meilleur ami que j'ai au monde. J'ai une autre excuse : cette grande personne peut tout comprendre, même les livres pour enfants. J'ai une troisième excuse : cette grande personne habite la France où elle a faim et froid. Elle a besoin d'être consolée. Si toutes ces excuses ne suffisent pas, je veux bien dédier ce livre à l'enfant qu'a été autrefois cette grande personne. Toutes les grandes personnes ont d'abord été des enfants. (Mais peu d'entre elles s'en souviennent). Je corrige donc ma dédicace :

À Léon Werth quand il était petit garçon.

Saint-Ex en uniforme
de capitaine, 1940.

46

LETTRE À UN OTAGE

Léon Werth, le dédicataire du *Petit Prince*, avait demandé une préface à son ami Saint-Exupéry pour un livre qu'il comptait publier. Cette préface devient un livre. Elle raconte l'éternelle amitié des deux hommes, l'un célèbre et catholique, l'autre plus secret et juif, mais aussi plus simplement le partage d'un verre de pernod sur les bords de la Saône avec Werth et deux amis improvisés : « Bercés par le va-et-vient de la servante sacerdotale, les mariniers et nous trinquions comme les fidèles d'une même Église, bien que nous n'eussions su dire laquelle. »

Pour Werth, Tonio est l'ami indispensable auquel il rend hommage dans *Saint-Exupéry tel que je l'ai connu*.

Photo d'une répétition de la pièce *Les Cyclones* de Jules Roy. Jules Roy et Pierre Fresnay. Paris, théâtre de La Michodière, septembre 1954.

JULES ROY

Né en Algérie en 1907, écrivain et officier, Jules Roy qui avait prêté allégeance au régime de Vichy et avait publié *La France sauvée par Pétain*, se ravise à l'occasion du débarquement des Alliés en Afrique du Nord et rallie le camp gaulliste. Pilote, il rejoint alors la Royal Air Force en Grande-Bretagne et accomplit de nombreuses missions de bombardements de nuit, notamment au-dessus de la Ruhr. Ami du couple, même s'il se méfie de l'influence de Consuelo sur Antoine, il retrouve Saint-Exupéry qui vient d'arriver à Alger au printemps 1943 après avoir effectué un stage de remise à niveau sur des Bloch 174 et sur les Lightning P38 qui volent à plus de 10 000 mètres de haut et à une vitesse de 750 kilomètres-heure. « C'était bien Saint-Exupéry… à demi assis dans son lit, la cigarette aux lèvres, ses yeux de nuit tout écarquillés de pensée… Sa chambre étroite était encombrée de belles valises béantes, de linge fin et, sur la cheminée, il avait déposé un petit réchaud à alcool solidifié sur lequel il avait fait du thé… Saint-Exupéry était revenu parmi nous… » Jules Roy se souvient qu'au terme du stage qui se passe à 200 kilomètres d'Alger, Saint-Exupéry abîmera son avion en manquant une fois de plus son atterrissage.

Jules Roy participera amplement à l'édification du mythe « chrétien » de Saint-Exupéry après sa mort. Il le dépeint en véritable martyr de l'humanité, dédié à sa cause, prêt à mourir pour elle, habité par une destinée quasi divine.

Il publie deux beaux textes, *Passion de Saint-Exupéry*, puis *Martyre de Saint-Exupéry* qui décrivent ce qu'il regarde comme une véritable assomption de l'homme inspiré par Dieu. Dédiés à un autre ami de Jules Roy, Albert Camus, ces textes écrits en 1950, témoignent d'une relation brève – cinq rencontres seulement – que l'auteur n'appelle pas amitié tant il se sent écrasé par son sujet.

> *C'était un de ces hommes qui ne croient à la vertu des mots que lorsqu'ils y engagent leur vie en otage. Il n'y avait pas chez lui de ces nuances dont les grands écrivains s'ennuagent quand il s'agit de ménager l'avenir de leur plume. Il demandait qu'on prît à la lettre ce qu'il écrivait et qu'il tenait pour rien si l'action n'apportait pas aux mots sa rigueur.*

48

LE DERNIER VOL

Nous sommes le 31 juillet 1944. Antoine de Saint-Exupéry a déjà plus de 6 500 heures de vol au compteur mais il pressent que la mission qu'on vient de lui confier sera la dernière. À 44 ans, il est déjà trop âgé pour voler dans les machines dernier cri qu'on lui propose, beaucoup trop distrait aussi, et handicapé par son poids et sa taille comme par les multiples fractures dues à ses nombreux accidents, qui se réveillent à lui. Il ne doit ce dernier vol qu'à la bienveillance des Américains qui l'admirent parce qu'il est un peu l'un des leurs. Un mois plus tôt, le 29 juin, jour de son anniversaire, il s'était égaré dans la région d'Annecy et, pour échapper aux chasseurs allemands, il survola Turin et Gênes, ce qui n'était pas prévu au programme et lui valut les réprimandes de son ami Charles-Antoine Gavoille (qui lui demanda quand même une semaine plus tard d'être le parrain de son fils à Tunis...)

Ce 31 juillet, il décolla de la base de Borgo, tout près de Bastia, à 8 h 45 très précisément après une courte nuit, probablement en bamboche dans les bars et les night-clubs locaux. S'il dormit, ce fut peu de temps. Il devait être assez chiffonné et morose quand il s'installa aux commandes de son lourd Lightning P38. Sa vie partait en lambeaux, on ne voulait plus de lui comme pilote, la victoire alliée approchait mais on allait lui reprocher de ne pas avoir choisi entre de Gaulle et Pétain, et ses dernières aventures sentimentales ne lui rappelaient que trop le fiasco de sa relation avec Consuelo, restée à New York et qu'il n'avait pas revue depuis plus de six mois.

Page de gauche : J'ai pu voler avec mon fils à Cap Juby dans cette montgolfière aux couleurs du Petit Prince.

Sa mission était relativement simple : achever son vol de reconnaissance le long de la vallée du Rhône pour préparer le débarquement à venir des Alliés en Provence, ce qu'il n'avait pas pu terminer quelques semaines plus tôt faute de photographies exploitables. Il est probable que la première partie du vol se déroula sans encombre. C'est au retour que les choses se gâtèrent.

Pendant très longtemps, les historiens et les spécialistes se persuadèrent qu'il s'abîma dans la Méditerranée au large de Nice après avoir effectué un dernier battement d'ailes au-dessus de la maison de sa mère, à Cabris. Tout au long du demi-siècle qui suivit la disparition de l'écrivain, on pensa que son avion avait été pris en chasse par deux FW-190 qui avaient décollé une heure plus tôt de leur base d'Orange. En 1972, une revue militaire allemande publia même la lettre d'un pilote qui se reprochait d'avoir abattu le Lightning P38 de Saint-Exupéry, au large d'Agay, là même où Antoine s'était marié treize ans plus tôt avec Consuelo. Le jeune homme s'appelait Robert Heichele et, autre coïncidence, il allait être abattu par des résistants à quelques kilomètres de Lyon et enterré tout près de Saint-Maurice-de-Rémens, à Dagneux.

Aujourd'hui, nombre d'historiens considèrent que la lettre est un faux ou un canular, mais cela n'empêcha pas un autre pilote allemand d'affirmer sur

Antoine de Saint-Exupéry, au décollage, sur la piste d'Alghero (Sardaigne), à bord d'un Lightning P38.

son lit de mort qu'il était coupable de la rafale qui abattit l'avion d'Antoine de Saint-Exupéry. Il s'en voulait d'autant plus qu'il était un grand admirateur de l'œuvre de l'écrivain. C'est Jacques Pradel qui recueillit sa confession et qui la consigna dans un livre : *Saint-Exupéry, l'ultime secret*. Le témoignage avait le mérite de situer l'action au large de Marseille, non loin de l'île de Riou où Jean-Claude Bianco repêcha la fameuse gourmette en 1998.

Nul ne saura sans doute ce qui s'est réellement passé à l'issue de ce dernier vol fatal. Certains ont même évoqué la thèse du suicide qui ne peut complètement être balayée compte tenu des noires pensées qui assaillaient le cerveau de l'écrivain en cette ultime journée de sa vie. Et je peux comprendre la famille qui préférait sans doute que son tombeau ne soit jamais violé.

On n'a jamais retrouvé son cadavre, Dieu merci. La Méditerranée restera son dernier jardin, lui qui avait tant voulu être jardinier…

Rivet du train d'atterrissage du dernier avion de Saint-Ex, posé sur la couverture de *Courriers de Nuit*, le livre que j'ai écrit avec mon frère Olivier sur la légende de l'Aéropostale.

49

LIGHTNING P38

J'ai en ma possession un tout petit morceau, rongé par le sel et les concrétions sous-marines, d'une pièce du train d'atterrissage de l'avion dans lequel Saint-Exupéry a trouvé la mort. J'ai été étreint d'une émotion considérable quand j'ai vu l'épave sortir des eaux grâce à la petite grue installée sur le bateau ultra-moderne d'Henri Delauze, le créateur de la Comex. Outre l'équipage d'Henri, que j'aimais beaucoup et qui nous a quittés en février 2012, il y avait là Hervé Vaudoit, l'un de mes bons confrères de *La Provence*, le plongeur Luc Vanrell et mon plus jeune fils François. C'est grâce à Luc que nous étions tous réunis autour du dernier cercueil d'Antoine de Saint-Exupéry.

Voilà déjà plusieurs années qu'à force de plonger avec ses bouteilles, ses palmes et son masque au large des superbes calanques qui séparent Marseille de Cassis, ville chère à mon cœur, il avait fini par dénicher les épaves de plusieurs avions, parmi lesquels trois Lightning P38. La découverte de la gourmette par le pêcheur Jean-Claude Bianco fut donc le révélateur : l'une d'elles était forcément celle de l'appareil de Saint-Exupéry. Le moteur de l'épave retrouvée le plus près de la gourmette fut envoyé en Allemagne, là où il avait été fabriqué. Le numéro correspondait ! Luc Vanrell et ses amis donnèrent donc la position de l'avion au P-DG de la Comex, Henri Delauze, leur complice marseillais, qui était si souvent venu à bout dans le passé de situations délicates au fond des océans.

Henri Delauze m'appelle à mon tour, et c'est ainsi que nous nous retrouvons tous ce matin de juillet sur le pont de son bateau. Il fait descendre son bathyscaphe de poche à 60 mètres de profondeur. Nous y prenons place tous les deux et nous voilà soudain face à l'épave du Lightning que seuls avant nous les poissons et le plongeur Luc Vanrell ont vue.

Difficile de ne pas être saisi par un certain vertige… C'est lors de la remontée du train d'atterrissage, presque intact en regard d'autres pièces de l'avion, qu'un petit rivet se détache et que je le ramasse. Je le tiens dans ma main gauche en écrivant, je le contemple et je me prends presque à l'envier d'avoir connu de si près Antoine de Saint-Exupéry.

La Calanque, c.1936 (pastel sur papier),
Lucien Lévy-Dhurmer, (1865-1953),
Musée d'Orsay, Paris, France.

50

GOURMETTE

Le 7 septembre 1998 à l'aube, comme presque tous les jours, *L'Horizon* se glisse hors du port de Saumaty, ce petit havre pour pêcheurs, enchâssé à Marseille entre l'embarcadère des ferries et le quai des grands cargos.

Le chalutier a fière allure, cent tonneaux et 25 mètres de long. Il est connu comme le loup blanc car son patron, Jean-Claude Bianco, 54 ans, visage buriné et charismatique, est l'incarnation même du pêcheur marseillais.

Mais ce matin Jean-Claude Bianco n'est pas de très bonne humeur. Il ne fait pas beau du tout en cette fin d'été. Ce n'est pas tant la pluie qui le chagrine que la forte houle qui va rendre les opérations de pêche plus incommodes et surtout faire fuir les poissons. De fait, le filet qu'il va jeter au large de l'île de Riou n'est pas bien lourd quand il le remonte avec ses trois hommes d'équipage. Cent kilos de poissons tout au plus, jauge-t-il à première vue, quand il en faudrait trois cents ou cinq cents pour rembourser ses frais. Il se décide donc à rentrer au port en attendant des jours meilleurs. Pendant ce temps, son équipage trie et rejette à la mer un certain nombre de cochonneries qui n'ont rien à voir avec le poisson. Le second, Habib, un Tunisien très fidèle au patron pêcheur, vient le voir vers quatorze heures pour lui dire qu'il a fait une étrange découverte dans le filet : un objet brillant, métallique de prime abord, mangé par des amas de concrétions sous-marines. En grattant, il a mis au jour une gourmette en argent ! Mais il ne comprend rien à l'inscription qui l'accompagne. En récurant un peu plus, Jean-Claude Bianco découvre à son tour, à sa grande stupéfaction :

ANTOINE DE SAINT-EXUPÉRY (CONSUELO)
C/0 REYNAL AND HITCHCOCK
386, 4TH AVE. NYC. USA

Antoine de Saint-Exupéry ! Le pêcheur n'en revient pas. Voilà cinquante-quatre ans qu'on essaie de trouver le lieu où son avion aurait pu s'abîmer. Un organisme privé a même financé des recherches, davantage dans le secteur de Nice que de Marseille, et des plongeurs affirment avoir trouvé une épave de Lightning, ou deux, ou trois, non loin de l'île de Riou où *L'Horizon* vient de repêcher la gourmette de l'aviateur.

Que faire quand on vient de découvrir pareil trésor ? Jean-Claude Bianco n'hésite guère. À peine arrivé à Marseille, il téléphone au patron de la Comex, Henri Delauze, qu'il connaît de bonne réputation. Comme son interlocuteur, quelques heures plus tôt, Delauze marque un instant de stupéfaction avant de prendre les choses en main. Mais rien ne se passera comme les deux hommes l'espéraient : l'administration est tatillonne et la famille de Saint-Exupéry, contactée, se montre circonspecte. Frédéric d'Agay que je connais bien – j'ai eu la chance de l'accompagner lors d'un voyage en avion de tourisme organisé par mon ami Gérard David sur les traces de l'Aéropostale en Afrique – me téléphone et me propose de me montrer la gourmette, à l'époque suspecte. Je l'invite au journal télévisé, il me la confie – quelle délicieuse impression que de pouvoir tenir ce bijou qui a enserré le poignet d'une idole –, avant de dire aux téléspectateurs qu'il ne croit pas à cette fable. Il reprend la gourmette et la fait disparaître dans sa poche.

Devant son poste, Jean-Claude Bianco écume. Quoi ? On le fait passer pour un imposteur ? C'est bien connu, les pêcheurs marseillais sont capables d'affirmer que le Vieux Port est obstrué par une sardine…

Après des mois très difficiles, entre déprime et procès, son honneur est enfin rétabli. Ce n'est plus un menteur mais un héros. Il couche toutes ces péripéties dans un livre, *Le mystère englouti Saint-Exupéry* et m'appelle pour me demander d'en rédiger la préface. Ce que j'accepte avec grand plaisir.

Depuis, nous nous sommes liés d'amitié et, chaque été, j'attends avec impatience le moment où je vais pouvoir partager avec lui une bonne bouillabaisse cuisinée par ses soins dans son cabanon de la calanque de Sormiou.

Ci-dessus : Le pêcheur Jean-Claude Bianco et le plongeur Luc Vanrell posent respectivement avec la reproduction de la gourmette et de l'avion de Saint-Ex qu'ils ont retrouvés, permettant ainsi de percer le mystère de la dernière demeure du pilote.

Ci-contre : Le plongeur Luc Vanrell en pleine exploration de l'épave de l'avion de Saint-Ex.

Maurice Merleau-Ponty (1908-1961),
philosophe français, était un admirateur
de Saint-Ex.

51

CITADELLE

Publié de manière posthume par Gallimard en mars 1948, mais pensé par l'auteur dès le début des années 1930, c'est le testament inachevé de Saint-Exupéry, un hymne à l'humanité de chacun, un dialogue impressionnant entre la communauté et l'individu. Saint-Ex écrit l'ouvrage très largement aux États-Unis en même temps que *Le Petit Prince*. Mais *Citadelle* est pour lui le livre important alors que ce conte pour enfants à l'extraordinaire destinée ne l'obsède que peu. Entre 1936 et 1943, il ne quitte pas son manuscrit, qui le poursuit ou le précède en France, sur les côtes Ouest et Est des États-Unis ainsi qu'en Afrique du Nord. Dès sa publication, le livre est souvent mécompris, sa philosophie moquée pour sa naïveté et son style allégorique, parfois emphatique. De nombreux intellectuels de l'époque, Jean-François Revel en tête, accusent « l'homme-coucou [...] d'avoir remplacé le cerveau humain par un moteur d'avion ». Il faudra attendre Maurice Merleau-Ponty et sa *Phénoménologie de la perception*, citant avec admiration Saint-Ex : « Tu loges dans ton acte. Ton acte, c'est toi. » Et en relisant *Pilote de guerre*, s'autorisant un commentaire sur la fonction du philosophe dans la société : « Qu'il s'agisse des choses ou des situations historiques, la philosophie n'a pas d'autre fonction que de nous réapprendre à les voir bien, et il est vrai de dire qu'elle se réalise en se détruisant comme philosophie séparée. Mais c'est ici qu'il faut se taire car seul le héros vit jusqu'au bout sa relation aux hommes et au monde, et il ne convient pas qu'un autre parle en son nom. »

52

DIEU

Où est Dieu chez Saint-Exupéry ? Tout là-haut, au-dessus des nuages qu'il a si souvent transpercés avec les ailes de ses avions ? Non, le pilote ne l'a pas vu et il n'en parlera pas dans ses livres d'aviateur. Où est Dieu dans *Le Petit Prince* ? Il n'est pas nommé. Il y a là bien des planètes, bien des étoiles, mais pas de traces d'un Dieu tout-puissant. Quand le petit garçon si instruit prépare son évasion à la fin du livre, il ne dit pas qu'il va rejoindre Dieu. Il dit simplement :

> *J'aurai l'air d'avoir mal... J'aurai un peu l'air de mourir. C'est comme ça...*

Et, un peu plus tard :

> *J'aurai l'air d'être mort et ce ne sera pas vrai...*

Voilà un indice. Ce ne sera pas vrai.

Qu'y a-t-il donc après la mort, après ce que nous croyons être la mort ?

Quand il avait 18 ans, après la perte de son frère, il aimait croire en une puissance surnaturelle. Dans une lettre à sa mère, il dit :

> *J'espère que François m'aidera (du haut du ciel) et que je serai toujours un bon garçon, pour le moment ça va on ne peut mieux. Je communie et me confesse les dimanches... Je viens de lire un peu de Bible : Quelle merveille, quelle simplicité puissante de style et de poésie souvent.*

À l'époque, pour Saint-Ex, qui dans son enfance a été influencé par le confesseur de la famille, le père François Montessuy, il faut que tout soit beau mais Dieu n'a pas de visage. Bien au contraire, Il est inaccessible et silencieux. Et c'est ce qui fait sa grandeur. Le jeune homme ne peut pas imaginer qu'Il s'abaisse à répondre à ses créatures, même quand elles le supplient.

Tout au long de sa vie, Antoine de Saint-Exupéry ne s'écartera guère de sa ligne. Le silence de Dieu, c'est aussi sa force et son mystère. Dans *Citadelle*, son livre posthume, il se livre enfin :

> *Seigneur, éclairez-moi. Faites-moi grandir en sagesse afin que je réconcilie*
> *non par abandon, exigé des uns et des autres, de quelque souhait*
> *de leur ferveur…*

Dans ce beau livre méconnu, paru inachevé quatre ans après sa mort, Saint-Exupéry reconnaît chercher Dieu à tâtons :

> *Je vais à Toi à la façon de l'arbre qui se développe selon les lignes de force*
> *de sa graine. L'aveugle, Seigneur, ne connaît rien du feu.*
> *Mais il est, du feu, des lignes de force sensibles aux paumes.*

Pour ce faire, Saint-Ex n'a pas besoin de médiateur. Il n'aime pas l'idée de la Révélation – « Je n'espère point d'être informé par le guignol des apparitions d'archanges, car il ne me dirait rien qui vaille la peine » – et donc n'a que peu de foi dans les religions dites révélées, que ce soit le christianisme, le judaïsme ou l'islam.

En ce sujet, comme en tant d'autres, Saint-Exupéry est d'abord un homme libre.

LA MÉLANCOLIE

Elle l'accompagne tant, toute sa vie, qu'on a imaginé qu'il en était mort, qu'il aurait choisi de ne pas revenir de son vol sur le Lightning P38. Car si Tonio fut victime de nombreux accidents, qui eurent des conséquences sur son physique et sa santé, c'est du côté des passions de l'âme et de la mélancolie qu'il faut chercher la plus grande souffrance. L'homme est profondément solitaire, même en amour. Le mariage ne le rend pas heureux. C'est l'entreprise la plus ardue qu'il lui est donné d'accomplir. *Le Petit Prince* est une manière de rendre à Consuelo ce que leur passion n'arrive pas à satisfaire, y compris dans leurs infidélités réciproques.

Aux États-Unis, il est souvent saisi par le découragement. Il fait le bilan de sa vie. Il écrit à sa mère : « Je ne suis pas bien sûr d'avoir vécu depuis l'enfance. »

Une existence qu'il résumera dans une autre lettre, cette fois à Renée de Saussine : « Ma vie est faite de virages que je prends le plus vite possible et d'hôtels qui se ressemblent tous. Je n'ai pas le moral. » Il ne l'aura jamais vraiment. Et encore moins lors des dernières années, particulièrement début 1939 lorsqu'il attend de très longs mois d'être enrôlé comme capitaine de l'armée de l'air. Voler lui permet d'échapper à cette mélancolie, d'où cette fuite perpétuelle, ce besoin jusqu'au dernier moment, et probablement trop tardivement, de prendre le chemin des airs à bord de son avion. Le spleen l'accompagne en permanence à terre, comme en témoignent ses lettres à sa mère, y compris au moment de son engagement dans l'aventure de l'Aéropostale. Un de ses meilleurs amis, Marc Sabran, vient de mourir à Tanger. Peu de temps auparavant, « Biche », sa jeune sœur Marie-Madeleine est décédée. Le souvenir de la mort de François, son frère, près de dix ans auparavant remonte puissamment et donne à sa douleur une force encore plus grande. Quant aux amours, s'il ne conçoit pas la vie sans être aimé d'une femme, elles n'apaisent pas, loin de là, ses angoisses. La rupture avec Louise de Vilmorin ne cessera jamais de le hanter. Seules les amitiés fortes, celles de Guillaumet, Reine, Ville, Mermoz, lui apportent un certain temps le repos de l'âme.

Page de gauche : *Le Voyageur contemplant une mer de nuages*, célèbre tableau du peintre romantique allemand Caspar David Friedrich (1810-1820).

54

LYON-SAINT-EXUPÉRY

Lyon-Satolas est l'ancien nom de l'aéroport de Lyon, rebaptisé Saint-Exupéry en l'an 2000. C'est l'un des très rares cas d'aéroports français rendant hommage à une personnalité plutôt qu'à un lieu. Il y a bien sûr Roissy-Charles-de-Gaulle et aussi Aimé-Césaire à Fort-de-France.

Lyon-Satolas est lui-même de création récente. Pendant très longtemps, l'aéroport de Lyon était situé à Bron, tout près du centre mais, comme il était très à l'étroit, on finit par le déménager, le 20 avril 1975, à 25 kilomètres de la métropole lyonnaise sur les communes de Colombier-Saugnieu, Pusignan, Genas, Saint-Bonnet-de-Mure et Satolas. À l'occasion du centenaire de la naissance d'Antoine de Saint-Exupéry en 2000, l'idée de donner son nom à l'aéroport de sa ville natale fut adopté avec enthousiame par les autorités pour le grand plaisir de ses admirateurs.

Et c'est ainsi qu'un quart de siècle après son inauguration sous le nom de Satolas, l'aéroport fut rebaptisé. Ce jour-là, le pilote de chasse Hervé de Saint-Exupéry, petit neveu de l'écrivain, survola l'aéroport aux commandes d'un mirage 2000 en compagnie de la Patrouille de France… Plusieurs expositions furent consacrées à la mémoire de l'aviateur qui aurait sans doute été loin d'imaginer qu'un jour, à quelques kilomètres de son lieu de naissance, le 4e aéroport de France en nombre de passagers (derrière Roissy-Charles-de-Gaulle, Paris-Orly et Nice-Côte-d'Azur) porterait son nom.

Page de gauche :

Les arches du toit de l'aéroport Lyon-Saint-Exupéry.

ÉPILOGUE EN FORME DE CARTABLE

C'est une compagnie bienfaisante qui ne me quitte jamais : un cartable un peu cabossé ayant appartenu à mon héros préféré. Il est venu à moi dans des conditions assez particulières. Je venais d'achever une lecture au Festival de la correspondance de Grignan lorsqu'un employé municipal du village m'aborda, un peu mystérieux :

« J'ai en ma possession un porte-documents qui était celui de Saint-Ex.

— Et comment donc est-il arrivé entre vos mains ?

— Il a été donné à ma mère par Consuelo de Saint-Exupéry peu après la guerre. C'était à une époque où la veuve de l'écrivain ne disposait que de peu de revenus. Et ma mère, femme de ménage, lui rendait de nombreux services dans un hôtel du Midi. Pour la remercier, Consuelo, qui n'avait pas un sou car les droits des livres de son mari étaient bloqués pour dix ans tant qu'on n'avait pas retrouvé son corps, lui a offert ce cartable dont Antoine ne se déprenait jamais. J'ai à mon tour besoin d'argent. Je vous le cède. »

Je téléphone alors à mon ami Alain Vircondelet, grand connaisseur de l'œuvre de Saint-Exupéry, l'homme qui a contribué à remettre Consuelo dans la lumière. Il me confirme : « Dans leurs années new-yorkaises, elle faisait souvent des cadeaux à son mari ; elle en achetait un grand nombre dans une maroquinerie qui se trouvait tout près de chez eux. Et dans les années 1950, quand l'argent vint à manquer, elle vendit ou offrit bon nombre d'objets qui lui restaient d'Antoine. »

Le cuir fatigué de ce cartable un peu rêche est en veau retourné. Il est frappé d'un sigle doré qui s'estompe avec les années : ASE, comme Antoine de Saint-Exupéry. Il est à mes pieds. Je rêverais de l'utiliser quotidiennement pour mon travail mais j'ai trop peur de le perdre.

Alors j'y entasse divers objets que j'ai collectés par amour pour mon héros : le tout petit morceau du Lightning P38 au-dessus duquel j'ai plongé, au large de Marseille, le dessin de Saint-Ex tracé au dos du menu d'un restaurant chic au Canada, ses livres bien sûr, et quelques lettres d'Antoine et de mon grand-père Numa. C'est mon cartable fétiche. Et c'est de lui que j'ai extrait tous ces trésors que j'ai voulu partager avec vous…

Par amour du Petit Prince et de son papa.

REMERCIEMENTS

À François d'Agay, le vrai filleul d'Antoine de Saint-Exupéry,
pour me faire pardonner d'avoir usurpé cette qualité !

À Olivier d'Agay, son neveu, qui gère avec passion les intérêts de la succession
et qui nous a permis d'avoir accès à des trésors iconographiques.

À Frédéric d'Agay, son autre neveu,
qui m'a conduit sur les traces de Saint-Ex à Cap Juby.

À Virgil Tanase, pour sa disponibilité.

À mon ami Michel Goujon,

Et bien sûr à mon frère Olivier !

FONDATION
ANTOINE DE
SAINT EXUPERY

www.fasej.org

La **Fondation Antoine de Saint-Exupéry pour la Jeunesse (FASEJ)** a été créée en 2008, sous l'égide de la Fondation de France, par la famille de l'auteur du Petit Prince et ses admirateurs du monde aéronautique et littéraire.

Fidèle à l'esprit de l'écrivain et aviateur français qui défendait une société basée sur le respect de l'homme, la diversité des cultures, la solidarité, l'engagement et la responsabilité individuelle, la FASEJ mène diverses actions philanthropiques visant à améliorer le quotidien de la jeunesse et à l'aider à mieux appréhender son futur.

La Fondation s'attache à porter une action généreuse et pérenne auprès d'associations de terrain, en France et à l'international, en soutenant des projets concrets dans les domaines de l'éducation et de la lutte contre l'illettrisme.

BIBLIOGRAPHIE

ŒUVRES D'ANTOINE DE SAINT-EXUPÉRY

L'Aviateur, éditions Gallimard, 1926.
Courrier Sud, éditions Gallimard, 1929.
Vol de nuit, éditions Gallimard, 1931.
Terre des hommes, éditions Gallimard, 1939.
Pilote de guerre, éditions Gallimard, 1942.
Lettre à un otage, éditions Gallimard, 1943.
Le Petit Prince, éditions Gallimard, 1944.

Ouvrages posthumes :
Citadelle, éditions Gallimard, 1948.
Lettres de jeunesse 1923-1931, éditions Gallimard, 1953.
Carnets, éditions Gallimard, 1953.
Un sens à la vie, éditions Gallimard, 1956
Écrits de guerre, 1939-1944, recueil de lettres, éditions Gallimard, 1982.
Lettres à sa mère, éditions Gallimard, 1984.
Écrits de guerre 1982.
Lettre à l'inconnue, éditions Gallimard, 2008.

BIBLIOGRAPHIE

BIOGRAPHIES

DE LA BRUYÈRE Stacy, traduit de l'anglais par Dominique Lablanche et Françoise Bouillot, *Saint-Exupéry,* Albin Michel, 1994.

MIGEO Marcel, *Saint-Exupéry,* Flammarion, 2000.

PERRIER Jean-Claude, *Les Mystères de Saint-Exupéry*, Stock, 2009.

PERSANE-NASTORG Michèle, *Marie de Saint-Exupéry ou l'étoile du Petit Prince*, Robert Laffont, 1993.

PHILLIPS John, *Au revoir Saint-Ex*, Gallimard jeunesse, 1994.

POIVRE D'ARVOR Olivier et Patrick, *Courriers de nuit, le roman de l'Aéropostale*, Place des Victoires éditions, 2002.

ROY Jules, *Saint-Exupéry*, La Manufacture, 1990.

TANASE Virgil, *Saint-Exupéry*, Gallimard, 2013.

VIRCONDELET Alain, *C'étaient Antoine et Consuelo de Saint-Exupéry*, Fayard, 2009.

WEBSTER Paul, *Saint-Exupéry, Vie et mort du petit prince*, éditions du félin, 2013.

TÉMOIGNAGES

BIANCO Jean-Claude, avec la collaboration de Philippe Cousin, *Le Mystère englouti Saint-Exupéry*, Ramsay, 2006.

PRADEL Jacques et VANRELL Luc, *Saint-Exupéry, l'ultime secret. Enquête sur une disparition*, Le Rocher, 2008.

SAINT-EXUPÉRY (de) Marie, *J'écoute chanter mon arbre*, Gallimard, 1971.

SAINT-EXUPÉRY (de) Simone, *Cinq enfants dans un parc*, Collection « Les cahiers de la NRF », série Saint-Exupéry, n°5, Gallimard, 2000.

WERTH Léon, *Saint-Exupéry, tel que je l'ai connu*, Viviane Hamy, 1994.

OUVRAGES DE PATRICK POIVRE D'ARVOR

ROMANS

Les Enfants de l'aube, Lattès, 1982.

Deux amants, Lattès, 1984.

La Traversée du miroir, Balland, 1986 ; Fayard, 2006.

Les Loups et la Bergerie, Albin Michel, 1994.

Un héros de passage, Albin Michel, 1996.

Une trahison amoureuse, Albin Michel, 1997.

Petit homme, Albin Michel, 1999.

L'Irrésolu, Albin Michel, 2000 (prix Interallié).

Un enfant, Albin Michel, 2001 (prix des lecteurs du Livre de Poche).

J'ai aimé une reine, Fayard, 2003.

La Mort de Don Juan, Albin Michel, 2004 (prix Maurice Genevoix).

Petit prince du désert, Albin Michel, 2008.

Fragments d'une femme perdue, Grasset, 2009.

Le Crépuscule des héros (trilogie), France Loisirs, 2010.

Rapaces, Le Cherche-midi, 2012.

Un homme en fuite, Robert Laffont, 2015.

Avec Olivier Poivre d'Arvor :

Le Roman de Virginie, Balland, 1985 (prix des Écrivains bretons).

La Fin du monde, Albin Michel, 1998.

Disparaître, Gallimard, 2006.

J'ai tant rêvé de toi, Albin Michel, 2007.

RÉCITS

Les Femmes de ma vie, Grasset, 1988.

L'Homme d'image, Flammarion, 1992.

Lettres à l'absente, Albin Michel, 1993.

Elle n'était pas d'ici, Albin Michel, 1995.

Confessions, Fayard, 2005.

Frères et sœur, Fayard, 2007.

Aimer c'est agir, Fayard, 2007.

À demain ! En chemin vers ma liberté, Fayard, 2008.

Tenir et se tenir, Presses de la Renaissance, 2010.

L'Expression des sentiments, Stock, 2011.

Seules les traces font rêver, Robert Laffont, 2013.

ESSAIS

Mai 68-mai 78, Seghers, 1978.

Rencontres, Lattès, 1987.

Lettre ouverte aux violeurs de vie privée, Albin Michel, 1997.

Nostalgie des choses perdues, L'Archipel, 2014.

Avec Éric Zemmour :

Les Rats de garde, Stock, 2000.

VOYAGES

Les Derniers Trains de rêve, Le Chêne, 1986.

L'Âge d'or du voyage en train, Le Chêne, 2008.

La Bretagne vue par Patrick Poivre d'Arvor, Hugo, 2010.

OUVRAGES DE PATRICK POIVRE D'ARVOR

Les 100 mots de la Bretagne, P.U.F, Que sais-je ?, 2012.

Avec Yann Arthus-Bertrand :

Une France vue du ciel, La Martinière, 2005.

JEUNESSE

Avec Olivier Poivre d'Arvor :

Les Aventuriers du ciel, Albin Michel Jeunesse, 2005.

Les Aventuriers des mers, Albin Michel Jeunesse, 2006.

Le Mystère des pirates et des corsaires, Albin Michel Jeunesse, 2009.

BIOGRAPHIES

Horizons lointains, Éditions du Toucan, 2008.

Hemingway, la vie à l'excès, Arthaud, 2011.

Avec Olivier Poivre d'Arvor :

La Légende de Mermoz et de Saint-Exupéry, Mengès, 2004.

Rêveurs des mers, Mengès, 2005.

Le Monde selon Jules Verne, Mengès, 2005.

Lawrence d'Arabie, J'ai lu, « Images », 2009.

L'Odyssée des marins, Bouquins, 2015.

LIVRES ILLUSTRÉS

Avec Olivier Poivre d'Arvor :

Courriers de nuit, Mengès, 2002.

Coureurs des mers, Mengès, 2003.

Pirates et corsaires, Mengès, 2004.

Chasseurs de trésors et autres flibustiers, Place des Victoires, 2005.

Lawrence d'Arabie la quête du désert, Place des Victoires, 2006.

Les Solitaires de l'extrême, Place des Victoires, 2007.

Jusqu'au bout de leurs rêves, Place des Victoires, 2010.

Explorateurs et chasseurs d'épices, Place des Victoires, 2014.

POÉSIE

Anthologie des plus beaux poèmes d'amour, Albin Michel, 1995.

Et puis voici des fleurs…, Le Cherche-midi, 2009.

Un mot de vous, mon amour, Le Cherche-midi, 2010.

L'Appel ardent de Jean d'Arvor, Melis, 2010.

100 poèmes incontournables, Librio, 2010.

Plaisirs d'amour, Le Cherche-midi, 2014.

CORRESPONDANCES AVEC OLIVIER POIVRE D'ARVOR :

Je souffre trop, je t'aime trop, Points Seuil, 2010.

Faut-il brûler ce livre ?, Points Seuil, 2010.

Entre le ciel et la mer, Points Seuil, 2010.

À toi, ma mère, Points Seuil, 2010.

Mon cher éditeur, Points Seuil, 2010.

À la vie, à la mort, Points Seuil, 2010.

CRÉDITS PHOTOGRAPHIQUES

SUCCESSION OLIVIER D'AGAY, FONDATION ANTOINE DE SAINT-EXUPÉRY

p. 8, 10-11,12, 14-15, 16, 18, 21, 22, 24-26, 28-29, 36, 43, 48, 50, 52, 68, 71, 74, 79, 80, 86, 96-99, 102-103, 106, 111, 112, 114, 128-129, 131-134, 149, 150, 152, 156-158, 162, 164, 168.

BRIDGEMAN-RUE DES ARCHIVES

p. 32, 100, 166-167 : © Rue des Archives/AGIP ; p. 40, 60, 66, 92-93 (photo centrale), 94, 130, 136-137, 144 : © Rue des Archives/Tallandier ; p. 56, 58-59 : © Limot/Rue des Archives p. 93 (vignette), 154 : © Rue des Archives/Everett p. 85, 108, 120, 138, 141, 146, 142 : © Rue des Archives/RDA ; p. 110 : © Spaarnestad/Rue des Archives ; p. 119 (photo n°5) : © Suddeutsche Zeitung/Rue des Archive ; p. 123 : © Mary Evans/Rue des Archives. ; p. 140 : © Granger NYC/Rue des Archives.

ROGER VIOLLET

p. 42, 44, 51, 64, 82-84, 174-175 ; p. 47 : © Albert Harlingue / Roger-Viollet ; p. 116 : © Pierre Choumoff / Roger-Viollet ; p. 156 : © Rolf Mahrenholz / Ullstein Bild / Roger Viollet ; p. 170 : © Studio Lipnitzki / Roger-Viollet ; p. 182 : © TopFoto / Roger-Viollet.

AUTRES

pages 4-5, 78 : collection personnelle de Patrick Poivre d'Arvor ; p 6, 9, 90, 148, 176, 184, 192 : © Mathieu Thauvin ; p. 38 © Flickr/Gérard Joyon ; p. 54, 70, 81, 85, 87 (licence de vol de Guillaumet) : © Wikimedia commons/G. Garitan ; p. 85 (enveloppe « retard de service » : © L'Adresse Musée de La Poste, Paris / La Poste ; p. 88-89 : © Getty Images/ Jean-Michel Turpin ; p. 115, 127 : © Bibliothèque Nationale de France ; p. 72-73, 119 (photos 1, 2, 3, 4, 6, 7, 8, 9), 125, 188 : © DR ; p. 172 : © Franck Béjat ; p.181 (haut) : © Nigel Dickinson/Alamy Stock Photo, (bas) : © Luc Vanrell ; p. 186-187 : © Flickr/ Suzanne Nilsson ; p.190 : © Flickr/Jonathan Lin.

TABLE DES MATIÈRES

DIRECTRICE LITTÉRAIRE
Maïté Ferracci
(assistée de Yann Raynal)

CONCEPTION ET RÉALISATION
Mathieu Thauvin

CONCEPTION ET RÉALISATION
Christian Toanen
Nikola Savic

Photogravure : PRESS·PROD
Issy-les-Moulineaux

Imprimé en Espagne
Dépôt légal : novembre 2016
N° d'impression : 01
ISBN : 978-2-7499-2958-3
LAF 2230